ケア・コレクティヴ［著］
岡野八代+冨岡薫+武田宏子［訳・解説］

ケア宣言

相互依存の政治へ

The Care Manifesto
The Politics of Interdependence

大月書店

ケア・コレクティヴ（The Care Collective）

アンドレアス・ハジダキス（Andreas Chatzidakis）
ジェイミー・ハキーム（Jamie Hakim）
ジョー・リトラー（Jo Littler）
キャサリン・ロッテンバーグ（Catherine Rottenberg）
リン・シーガル（Lynne Segal）

THE CARE MANIFESTO
By The Care Collective

Japanese translation published by arrangement with Verso Books
through The English Agency (Japan) Ltd.

◎ケア宣言──相互依存の政治へ

凡例

本書は The Care Collective, *The Care Manifesto: The Politics of Interdependence*, Verso, 2020. の全訳である。

●本文中の［ ］は訳者による補足である。

●註番号［1］［2］……で示す脚註は、訳者による註である。

●註番号１２……で示す脚註は、原著者による註である。

●文中に登場する文献のタイトルは、邦訳の確認できたものは原則として邦題に従い、それ以外は訳者による仮訳を当てた。

序章　ケアを顧《かえり》みないことの支配

この世界は、ケアを顧みないこと［無関心、無配慮、不注意、ぞんざいさ］が君臨する世界です。コロナウイルスの大感染《パンデミック》は、合衆国、イギリス、そしてブラジルといった国々を含む多くの国で、このケアのなさが継続していることを明るみに出しただけといってよいかもしれません。これらの国々では、まさにリアルな、差し迫ったパンデミックが襲ってくるというかなり以前からの警告を軽視し、むしろ遠くの、あるいは実際には存在していない脅威に対する大規模な軍備に膨大なお金を無駄に費やし、結果、すでに豊かな人たちにお金を流し込んだのです。このことによって、Ｃｏｖｉｄ－19の危険に最も晒《さら》されている人々、すなわち、医療関係者、ソーシャル・ワーカー、高齢者、健康に不安を抱えている人たち、貧しい人々、受刑者、そして不安定雇用の下にある人たちが受けた支援や援助は、取るに足らないものだということがはっきりしました。他方では、彼女たち・かれらを保護する最善の方法について、共有されてしかるべき多くの教訓は、ほとんど無視されてきました。

しかしながら、パンデミックに襲われるずっと以前から、ケア・サーヴィスはすでに削減され、多くの高齢者や障がい者たちの手に届かない高価なものとなり、病院は恒常的に患者に溢れ、医療崩壊の危機に見舞われ、ホームレスの数は長年増加傾向にあり、食事を取れない生徒たちの対応に追われる学校の数はますます増えているのです。その一方で、多国籍企業は、介護《ケア》・介助つき施設《ホーム》への融資や大量の投機から莫大な利益をあげ、ケア関連の仕事は、ギグ・エコノミー[1]企業へと飲み込まれてしまいました。その結果、大量の不安定労働者が生まれただけでなく、その業種はとてつもなく拡大し、彼女たちは脆弱《ぜいじゃく》になり、したがってケ

[1]　ウーバーが典型的。単発で事業を請け負う「個人事業主」や「派遣労働者」が、事業主の介在によって、消費者に直接サーヴィスを提供する。インターネットの発展を受けて登場した新しい事業形態。

アする能力を削《そ》がれてしまったのです。

同時に、過去20〜30年の間に、社会福祉やコミュニティといった理念は脇にやられ、レジリエンス、[2]ウェルネス〔健康増進〕、そして自己開発といった、個人化された考え方に取って代わられています。そうした考え方は、ケアを私たち自身が個人単位で購入する何ものかへと格下げする、「セルフケア」産業の興隆によって広がりました。そうした産業は、私たちの抱える問題に、その場しのぎの絆創膏を貼るような、何の解決にもならない不十分なものしか提供できません。すなわち、長いあいだ私たちは、お互いを、とりわけ、傷つきやすい《ヴァルネラブル》人たち、貧しい人たち、そして社会的な弱者をケアすることに失敗しつづけているのです。

世界大のパンデミックにあうまで、強健なケア・サーヴィスが命に関わるほど重要であるという単純な事実に気づけなかったということは、悲劇としかいいようがありません。さらに悲劇的なことに、Ｃｏｖｉｄ−19によって、私たちの多くは新しい形のケアのあり方を採用しなければならなくなりました。つまり、相互援助から、ソーシャル・ディスタンシ

［2］　脆弱性（vulnerability）としばしば対照的に使用される概念で、回復力、適応能力、したたかさ、など、困難に見舞われても、そこから回復できる力を意味する。

ングや自己隔離へと変わりました。ニューヨークからロンドン、アテネやデリーに至るまで、地球上で人々は毎週、私たちの不可欠な《エッセンシャル》／大切なケアワーカーたちへの支援を表明するために、拍手を送っています。少なくとも言葉のうえでは、世界中の政府は、2019年までとは打って変わって、ケアワーカーの働きに応えており、ケアについての議論だけは、現時点ではいたるところに溢れています。そうした施策から最も無縁そうな政府でさえ、国民へのケアという名のもとで、経済支援政策を導入しました。確かに、こうした政府の動きは驚くべきものかもしれませんが、その支援政策は、ケアを支える現在の社会基盤と、より一般的には経済のあり方によってこうむってきた組織的なネグレクトの数十年を治癒《ちゆ》するためには、不十分なのです。さらに最新調査で明らかとなったのは、ほとんどの国では、こうした政策は、主に富裕層の利得となる仕組みになっているということです。ある事例では、こうした一見すると革新的な努力は、その支援を執行する者たちのファシスト的な政策の隠れ蓑《みの》に一役買っています。インドのヒンドゥー・ナショナリストであるナレンドラ・モディ首相は、他国のリーダーたちに先んじて「首相からのケア」と名づけた福祉政策を導入した一方で、同時に、カシミール地方への残忍な弾圧と、ムスリム教徒の移民労働者の非合法化を指示しつづけました。

つまり、今まで以上に、現在の不安な日々のなかでケアについて耳にしているにもかかわらず、ケアのなさが君臨しつづけているのです。私たちの宣言は、こうしたケアの欠如を正すために書かれました。

政府が新自由主義的な資本主義を採用し、ほぼすべての領域において、利益をあげることを生活をとりしきる原理に位置づけたために、ケアの危機はこの40年にわたり特に深刻になりました。そのことは、金融資本の利益と取引を組織的に最優先させながら、福祉国家と民主的なプロセスや諸制度を冷酷にも掘り崩すことを意味しました。これまで見てきたように、こうした市場の論理は、緊縮財政につながり、現在のパンデミックをくい止める私たちの力を大きく削いでしまいました。多くの病院では、医療関係者にとって必要な、最も基本的な個人用の防護用品にさえ事欠いているのです。

しかしながら、ケアとケア労働の価値の掘り崩しには、もっと長い歴史があります。ケアは長い間、その多くが女性たちに結びつけられていたために、価値を貶《おとし》められてきました。つまり、ケアに関わる仕事は女の仕事であり、「非生産的」だとみなされてきました。ケア労働はそれゆえ常に、低賃金と低い社会的地位に甘んじており、少なくとも、お金をかけて訓練されたエリート層の外に留《とど》めおかれてきました。現在の支配的な新自由主義的なモデルは、単にこうしたより長きにわたる価値の貶めを引き継いでいるにすぎないのですが、すでにあった不平等を、さらに歪《ゆが》め、新しい形で、より深刻にしているのです。結局のところ、新自由主義が典型とする主体は、企業的な個人であり、かれらが他者と取り結ぶ唯一の関係は、競争的に自己を高めるなかにしかありません。さらにそこから立ち上がってくる、社会組織の主流モデルは、協働ではなく、むしろ競争社会です。言葉を換えれば、新自由主義には、実効的なケア実践も、ケアのための言葉もないのです。それは、破壊的な帰結を引き起こしました。

したがって、新自由主義的な市場によって引き起こされている暴力が、パンデミックによって劇的な形で明らかになりました。つまり、この市場のために私たちのほとんどが、ケアを受け取りにくくなっているだけでなく、ケアを提供する能力さえも失いつつあるのです。とても長いあいだ私たちは、見知らぬ人たちや遠くの他者に対するケアは制限するように強力に推奨されてきましたが、他方で、最も親密な関係にある人たちさえケアできなくなりつつあります。右翼的で権威主義的なポピュリズムが、またしても魅力的に見えているのは、驚くことではありません。［他者や環境への］配慮に欠ける世界で生きることの、このうえない困難や集団的な不安の耐え切れなさは、ポピュリズムに容易に火をつけてしまいます。安全や快適さといった感覚がこれほど脆《もろ》いとき、自分自身をケアすることさえ難しくなり、とても他者を思いやることはできないのですから、自己利益を守ろうとする防衛心は、このような事態のなかで高まります。このようにしてケアは、全体主義的で、ナショナリスティックでかつ権威主義的な論理によって、暗い影に覆われてきましたし、そうありつづけるでしょう。その論理によって、私たちは「私たちと同じような人々」をケアするようにと再三言われ、そのように方向づけられてしまいます。差異を注視し、ケアのより広範な形を育むための空間は、急速に縮減してきました。ハンナ・アーレントの有名な言葉を使うならば、組織的なレヴェルの凡庸さが[3]、日々の生活のなかでのケアのなさにまで浸透しているのです。たくさんの難民の溺死や、身近な通りにホームレスが今までになく増えているといった大惨事について耳にすることは、もはや日常となりました。「ケアしない」という行為のほとんどは、無思慮のままおこなわれます。私たちのほとんどは、必要なケアなしに他者が放置されているのを見て、実際に喜んでいるわけではないし、残酷で破壊的な衝動をもっているわけでもありません。しかしながら、ケアする能力、実践、そして想像力に課せられた制限に対し、私たちが異議を申し立て損ねていることは、確かなのです。

　そうではなく、もし生活の中心にケアを置いてみるならば、いったい

[3]　ナチス統治下のドイツにおけるユダヤ人移送の責任者アドルフ・アイヒマンが、戦後１９６１年より「人道に対する罪」「ユダヤ人に対する罪」などを裁かれた裁判の傍聴をもとに、アーレントが執筆した『エルサレムのアイヒマン――悪の陳腐さについての報告』（１９６３年）における概念。ユダヤ人の大虐殺という前代未聞の悲劇を前に、多くの人は、そのような悪をなす者を悪魔的な存在と考えがちであるが、裁判を傍聴したアーレントがアイヒマンに見出したのは、公務員として目の前の業務をこなし、自分の仕事がどのような結果を生むのかといった想像を働かすこともなく、そもそも仕事内容は引き受けてもよいものなのかといった問い返しもしないという、悪の凡庸さであった。この概念はその後、巨大な行政機構のなかで、思考を

何が起こるのかと、今こそ問うべきなのです。

この『ケア宣言』のなかで私たちは、ケアを前面にかつ中心に据える政治の必要に迫られていると論じます。しかしながら、ケアという言葉によって、私たちは単に「直接手をかける」ケア、すなわち、他者の物理的、感情的なニーズに直接手当てをするときに人々がなしていることだけを意味するのではありません。もちろん、ケア実践のこうした役割は、重要で、かつ急務であることには変わりありません。しかし、「ケア」とはまた、生命の福祉と開花にとって必要なすべての育成を含んだ、社会的な能力と活動でもあるのです。とりわけ、ケアを社会の主役の位置に立たせることは、私たちの相互依存性を認識し、抱擁《ほうよう》することを意味しています。この宣言のなかではしたがって、「ケア」という用語を、家族ケアや、ワーカーたちがケア・ホームや病院で、そして先生たちが学校で実践している直接手をかけるケア、そしてその他のエッセンシャル・ワーカーたちによって提供されている日々のサーヴィスを含む、広範な意味で使用しています。それだけでなく、以下のようなケアも意味

働かせることなく前例に従うことで無難に業務を遂行することが、いかに危険な結果をもたらすかというように、無思考性を批判し、人の判断力を重視する議論へと展開していく。

されています。すなわち、様々なモノを貸し出すライブラリーの運営、つまり協同組合的な代替案《オルタナティヴ》である、連帯経済の構築に関わる活動家たちによるケアや、住居費を低く抑えたり、化石燃料の使用を抑え緑地を拡大させようとしたりする政治的な政策などです。ケアは、政治的、社会的、物質的、そして感情的な条件を提供するという、個人的かつ共同的な私たちの能力であり、そうした条件によって、この地球に生きる人間とその他の生物のほぼすべての生命が、この地球とともに生きながらえ、繁栄することが可能になるのです。

この宣言における私たちのアプローチとは、生をめぐる一つひとつ個別の領域にわたって、影響力をもち、かつ必要なものとして、ケアを理解しようとするものです。第一に、この宣言は、ケアのなさという現在における支配のありようの、互いに結びついている本質を明らかにします。したがって、気候危機や、人々よりも利益を優先する経済の引き金になっているグローバルな局面に始まり、ケアのない国家やコミュニティを経て、ケアのなさという凡庸さが、最終的に私たちの個人間の親密性にまでいかに影響を与えているか、へと議論を進めていくことが意図されています。そして、再び、現在のケアのない状況に代わる、ケアに満ちた《ケアリング》オルタナティヴを概観するために、個人間の問題から、地球規模へと議論を広げていきます。このように様々な領域間を移動するという構成をとっているのは、ケアするという私たちの能力がいかに相互依存的であり、ケアに欠ける世界ではいかにその能力を発揮することができないかということを明らかにしたいからです。言葉を換えれば、親業や看護といった、より慣習的にケアとして理解されてきた実践も、ケアの与え手とケアの受け手——つまり、私たちのすべて——の双方が支援を受けないかぎり、適切に遂行《すいこう》できないのです。適切なケアは、能力としてであれ、実践としてであれ、ケアが育《はぐく》まれ、平等主義的な形で共有され、そして資源を与えられなければ、起こりえません。ケアは、単に「女性たちの仕事」ではないし、さらに、搾取されたり、価値を貶められたりすべきではありません。したがって、私たちは、ケアの危機の本質を診断することから始め、社会的なケアのなさが、生の多くの異なる局面をいかに構造化し、ケアのなさが定着してしまったのかを、詳《つまび》らかにしようと思います。その後、私たちは解決策を提案し、相互につながりあうケアの複数の形態をめざして、過去の事例、現在の数々の提言、そして未来の可能性に拠《よ》りながら、ケアに満ちた構想を描きます。未来の政治を育むことを望むなら、このようにケアが幾重にも依存しあっていることを再考することは、今日の政治にとって欠かせません。

ケアのない世界

まず、最も難解に見える領域、すなわちグローバルな領域から始めましょう。コロナウイルスのパンデミックがグローバルなものだということに、私たちの誰もが気づいています。そして、度重なる警告にもかかわらず、多くの国で、とりわけ合衆国やイギリスでは、このパンデミックに対する対応が過失といってよいほど、致命的に欠けていることも目の当たりにしています。しかしながら、Ｃｏｖｉｄ-19があらゆるニュースのトップ記事となる以前から、避けることができた惨事が毎日のように世界を覆ってきました。ヨーロッパをめざしながら地中海で溺死する難民たち、［インドの］ニューデリーといった都市を包む毒性の強いスモッグ、合衆国で殺される無防備な黒人の男女、南米だけでも毎年数千件にも上る女性を狙《ねら》った（無視しえない数のトランス女性も含む）フェミサイド[4]などがそうです。気候危機は、もはや切迫したものというよりも、私たちの眼前で起こっていることで、今や温暖化や、野生動植物を死滅させる森林災害や洪水はありふれたことになりました。極端な気候変動はあまりに頻繁で、あるコミュニティの最も傷つきやすい人々――合衆国の貧しい有色の人々のコミュニティであれ、グローバル・サウス[5]の低地の国々であれ――には、例外なく、最も深刻な影響を与えています。こうした現象はすべて、相互に関係しています。というのも、すべては、社会のあらゆるレヴェルでの、市場に誘引された、ケアの欠如とつながっているからです。

［4］　女性だからという理由でおこなわれる故意の殺人。女性全般に対するヘイト・クライムの一つ。文化や歴史に応じて様々な形をとり、世界保健機関は、夫による妻の殺人など、その事例を列挙している。

［5］　かつて南北問題と呼ばれた格差問題を継承するものではあるが、南北といった地理的な格差だけでなく、資本のグローバル化の影響を受け、搾取・抑圧・疎外などを経験し、それに抵抗する人々を総称する、社会的カテゴリーの意味あいが強い。「グローバル・ノース」と対置される。

確かなことは、新自由主義的な経済成長の政策が、これほど多くの国で今や支配的になると、「経済を成長させる」ことに内在する、ケアに反する実践が、市民の福祉を保障することよりも優先されてきたということです。こうした条件のもとで乱立する多国籍企業が成長し、世界を犠牲にしてまでも、一握りの人々を豊かにするという課題を追求しつづけています。石油資本、巨大製薬会社、グーグルやアマゾンといったハイテク企業は、多くの国民国家よりも今や強力で豊かになりましたが、ほとんど誰にも説明責任を果たさなくてよいのです。さらに、新自由主義的な政策と、その政策によって生まれたモンスター企業は、すでに存在していた国内の不平等やグローバル・ノースとグローバル・サウスの格差をさらに広げたと同時に、環境破壊や戦争を激化させただけでなく、権威主義的な統治やウルトラ・ナショナリストの言説を危険なほど広めてきました。

したがって近年、選挙によって右翼的な政権が誕生し、壁を築き、国境を閉ざそうとすることで、広範に広がるケアのなさにさらに拍車をかけていることは、驚くことではないでしょう。商品は比較的なんらの障害もなく流通するのに対して、伝統的な国境が、「望ましくない」人々を締め出すために強化されつつあります。ドナルド・トランプが、死を運ぶコロナウイルスの爆発的な感染がグローバルなパンデミックであったと、しぶしぶ認めたときの、かれの反応がまさにそうでした。すでに国境の意味が劇的に変わってきているなかで、こうしたことが起こりました。最近まで国境は、国民国家を分け隔《へだ》てる物理的な境界でしたが、今日では、境界線は国民国家内部でいたるところに引かれるようになりました。そしてその影響は、日々の生活の様々な局面にまで広がっています。たとえば、イギリスでは現在、市民があたかも国境警備隊のように振る舞うことが奨励《しょうれい》され、資格をもたない移民の疑いがあれば誰でも報告する――すなわち、人種差別的で外国人排除的な行為をなす――ように促《うなが》されています。それだけでなく、利益目的の拘留《こうりゅう》センターであれ、難民キャンプといった形であれ、「グレー・ゾーン」が国家間と国家内の双方に広がっています。今や解体された「フランスの」カレーの難民キャンプ「ジャングル」では、数え切れない「望ましくない」人々（その多くは、貧しいグローバル・サウスからやってきた人たち）が、法的な権利も保護もない無国籍状態という苦難を、[1]まさにジョルジュ・アガンベンが「剥《む》き出しの生」[2]と呼んだように、あじわっているのです。

　このようなグローバルな規模の深刻なケアの欠如はまた、地球そのものの危機をもつくりだしています。多くの経済学者や環境学者は長い間、経済成長の永続化は、環境の許容能力と居住可能な地球を維持することとは全く相容《あいい》れないと論じてきました。たとえば、有名な1972年のローマ・クラブによる報告書『成長の限界』に始まり、近年では、アン・ペティファー『グリーン・ニューディールの提唱』やケイト・ラワース『ドーナツ経済学が世界を救う』などがそうです。地球大の新自由主義的経済は、人々よりも利益を重視し、終わりなき奪取と化石燃料の消費に頼り、未曾有の規模での環境破壊を引き起こしてきました。ナオミ・クラインの最近の著作が論じているように、地球が燃やされているのです。[3]

1　Nira Yuval-Davis, Georgie Wemyss and Kathryn Cassidy, *Bordering*, Polity Press（2019）.

2　Giorgio Agamben, *Homo Sacer: Sovereign Power and Bare Life*, Stanford University Press（1998）. 高桑和巳訳『ホモ・サケル――主権権力と剝き出しの生』（以文社、2003年）。

3　Club of Rome, *The Limits of Growth*, Universe Books（1972）. 大来佐武郎監訳『成長の限界――ローマ・クラブ「人類の危機」レポート』（ダイヤモンド社、1972年）。Ann Pettifor, *The Case for the Green New Deal*, Verso（2019）. Kate Raworth,

ケアで粉飾《ふんしょく》される市場

すなわち、新自由主義的な資本主義は、利益、成長、そして国際的競争力にしか関心がない経済秩序なのです。それによると、その経済特有のケア不足や、あらゆるレヴェルでの救いがたいほどのケアの失敗は、市場中心の改革や政策へと向かう途上の必然的な副作用であり、当然のことなのです。市場に媒介《ばいかい》され、商品化されたケアという特定のケアを生み出す一方で、新自由主義は、［富裕な］少数者のために利益を搾り出すという目的に沿わない、それ以外のあらゆるケアやケア実践をひどく損傷《そんしょう》しているのです。

確かに、古代アテネのアゴラから、産業時代の商人や生産者たちまで、市場経済や実際の市場《いちば》には何らかのケアが常に介在してきました。しかし、新自由主義的な資本主義は、「小さな政府」を掲げる冷酷な市場と

Doughnut Economics, Chelsea Green Publications（2018）. 黒輪篤嗣訳『ドーナツ経済学が世界を救う――人類と地球のためのパラダイムシフト』（河出書房新社、2018年）。Naomi Klein, *On Fire*, Penguin（2019）. 中野真紀子、関房江訳『地球が燃えている――気候崩壊から人類を救うグリーン・ニューディールの提言』（大月書店、2020年）。

いった経済モデルを推し進め、あらゆる領域を市場目線で測ろうとする点で、これまでにないものです。植民地的な、この種の市場合理性は、近年における史上最悪の形となったケアのなさのいくばくかについて、責任があります。トマ・ピケティといった経済学者たちは、これまでになく広がりつづける所得の不平等は、決して偶然ではなく、むしろ、新自由主義的な資本主義の根本的な構造上の特徴であり、現在も指数関数的に広がりつづけているということを明晰《めいせき》に証明しました。そもそもの設計からして、新自由主義は、［経済以外のことは］ケアしないのです。

新自由主義的な市場における商品交換は、きわめて強力な経済界のアクターたちに牛耳られており、かれらは影で互いにつながり、グローバル化しており、よりいっそう「自由化された」市場を創出するために、そのほとんどが政府に寄生しています。実際のところ、巨大な多国籍企業の戦略が、前代未聞のレヴェルで成果を収めることができたのは、政府のおかげなのです。同時に、こうした市場での交換を支えている供給連鎖《サプライ・チェーン》をめぐっては、極端な労働搾取と地球の搾取といった物語に満ち溢れています。たとえば、バングラデシュでのラナ・プラザの縫製《ほうせい》工場の崩壊から、カナダのオイルサンドからの、驚くほど破壊的な原油抽出まで、[6] 目に見えない、過小評価されたケア労働の搾取はいたるところで生じており、おそらくＣｏｖｉｄ－19の出現とともに、その搾取はこれまでになく厳しくなっています。つまり、家事労働者たちの地球大に広がるケアの連鎖だけでなく、私たちにとって不可欠な財を細心の注意を払って生産し、流通させてくれている、隠れたケア労働者までが、搾取されているのです。

その一方で、ビジネス界の強力なアクターたちは、自分たちを「ケアを担う会社」として売り出しながら、利益を生み出そうとするかれらの錬金術の外部で提供されるようなケアを葬り去ろうと躍起《やっき》になっています。かくして、ヨーロッパの格安航空会社であるウィズエアーは、その広告スローガンとして「さらにケアせよ、さらに生きろ、さらなる野心を」を掲げ、「ウィズはケアしている」、だから二酸化炭素の削減に投資すると、その顧客に約束しています。しかしながら、ここでは語られな

［6］　商業ビル「ラナ・プラザ」には5つの縫製工場が入っていたが、以前から危険視されていた8階建てのビルが２０１３年に崩壊し、１千人以上の死者が出た。
カナダのオイルサンド（油砂）は、アルバータ州の広範囲にその鉱床が存在し、従来の原油に代わる資源として１９７０年代から本格的な開発が始まった。その採掘過程は、地球上で最も甚大な汚染と炭素排出が伴うといわれ、特に先住民の生地が影響を受け、土地収奪問題、健康被害が発生している。

いことで、かえって次のことがはっきり告白されているのです。何よりもウィズエアーは株主たちをもっと儲《もう》けさせるために、これまでどおり航空機を飛ばせつづけますが、これまでほどには罪悪感を抱かなくてよいように気をつかっています、と。同様に、アイルランドの多国籍企業の一つで、「ファストファッション」の代名詞ともいえる服飾小売業社のプライマークは、かつては、児童労働を搾取することで悪名高い企業でした。しかしながら近年では、「プライマークはケアしている」というイニシアティヴを立ち上げて、いかに会社ぐるみで「人々と地球をケアしているか」を詳細に示しながら、その新製品である「ウェルネス商品」(甘い香りのするろうそくや、ふわふわのタオル)をあらゆる支店で売り出しているのです。イギリスでは、ブリティッシュ・ガスが最近、無償のケア労働の価値を認めようとキャンペーンに乗り出しましたが、環境への適切なケアのなさに対する山のような批判に取り組むことは拒絶したままです。私たちがケア・ウォッシングと呼ぶこうした現象に、多くの企業が、自分たちを社会的に責任ある「市民」として提示しながら、その正当性を高めようと列をなして関わっていますが、実際のところかれらは、不平等と環境破壊に手を貸しているのです。それだけでなく、自分たちが生み出すことに手を貸しているケアの危機そのものを元手に、資本を増やそうとまでしているのです。

「日常のケア・ニーズ」という掛け声のもとでつくられた市場の増殖は、ケア・ドットコムでのペット・ケアやベビーシッターから、セルフ・ケアや「ウェルネス」産業のブームにまで拡大し、伝統的には市場ではなかった健康や教育といった領域にまで市場の論理を植えつけることで、私たちの共同でおこなわれるケアの資源やケアする能力を根こそぎにするのです。国民国家それ自体が、ヘルスケア、教育、住宅といった公的に給付されるべき基本的なサーヴィスの多くを手放しながら、そうしたサーヴィスを維持していくことを人々の責任感に委《ゆだ》ねることで、グローバル市場の最悪の所業を後押ししているのです。

ケアしない国家

1980年代以降、国民国家の支配者たち——最も悪名高いのは、イギリスのマーガレット・サッチャーと、合衆国のロナルド・レーガン——は、ケアはそのいかなる実践・形式においてもすべて個人の問題であり、それが競争的な市場と強い国家を支えるバックボーンであると信じるよう、私たちに強く迫りました。そうした強迫は、自制という怪しげな考えや、良き市民、責任ある市民という偽りの考えの一部をなしていました。新自由主義のもとでの理想の市民とは、自律的で、企業家的で、常にたくましく、自己充足的な人物です。こうした市民像を積極的に前面に出すことによって、福祉国家を掘り崩すことや、民主的な諸制度と市民の取り組みを消滅させることが正当化されました。ケアは個人の責任だという考え方は、私たちに共通する傷つきやすさや相互の結びつきを認識することを拒絶し、すべての者、とりわけ、福祉に頼らざるをえない人たちで、「働かずに依存すること」を好む者として絶えず非難されてきた者に対して、無関心で配慮のない雰囲気をつくりだすことから生まれてきました。こうした見方は、たとえば、ほとんどの申請者を労働へと追い立てるために設計され近年導入された、イギリスにおけるデジタル化されたユニヴァーサル・クレジット福祉給付制度[7]を背後で支えています。この制度は実施早々、いたるところで壊滅的な帰結を引き起こし、救済に一切役立っていないどころか、申請者に極度の苦難を課しています。

ダニー・ドーリングが『先鋭化する不平等』で明らかにするように、ケアと基本的な福祉支援の圧倒的な欠如は、イギリスにおいて痛ましい状況を生み出してきています。[4] 今日では、いたるところに人々の苦悩が満ち溢れています。乳幼児の死亡率は上昇し、成人の犯罪や、身体的、精神的健康問題は深刻化し、家族のケアを担う人たち（とりわけ、高齢の親や配偶者をケアする人たち）は、給付の削減やコミュニティの資源の崩壊

［7］　2012年に成立した福祉改革法によって導入されたシステム。低所得層に実施されていた複数の給付制度を単一の制度に統合し、かつ、原則すべてオンライン化することで、これまでの福祉政策を合理化しようとした。しかし、その目的は、不正受給の厳罰化、受給者の就労促進であり、「イギリスの福祉国家はウェブページの後ろへと消えつつある」などと批判された。

4　Danny Dorling, *Peak Inequality*, Policy Press (2018).

のなかで、絶えず続く重圧を強いられていると訴えています。そして、近年の最も劇的な現象は、ある特定の高齢者集団、とりわけ労働者階級の女性の死亡率の顕著な上昇であり、それは、この100年のあいだ一度も見られなかった現象なのです。イギリスでは現在、必要なケアを受け取れない高齢者が150万人にも上り、限定的な、短期間のセラピーのために利用される公的資金は増えているにもかかわらず、自殺は増え、精神的な健康のためのセラピーを待つ期間は長くなる一方です。コロナウイルスのパンデミックによって、右翼的なイギリス政府は、かつて左翼が描いたにすぎないような形の社会支援を給付せざるをえなくなったものの、極端に公正さを欠いた給付と一体になっていた不平等という根深い遺産は、次のことを明らかにしたのです。すなわち、パンデミックは、これまで最も無視され、権利を奪われてきた市民、とりわけ高齢者、女性、黒人やアジア人をはじめとするマイノリティ（BAME）、貧困者や障がい者たちを直撃する、ということを。[5] こうした現状は、グローバル・ノースのその他の諸国においてもさほど変わりません。

5　Women's Budget Group, *Crises Collide: Women and Covid-19* (2020).

同時に、この20～30年、イギリスやその他のヨーロッパ諸国における福祉改革は、ほんの一握りのグローバル企業によって掌握《しょうあく》され、独占されてきており、本来ならばその趣旨であるべき「価値」もケアも、与えられることがなくなりました。アラン・ホワイトが『影の国家――イギリスを経営する秘密の企業の内側』で暴露したように、次々に起こるスキャンダルや腐敗の申し立ては、G4S[8]、セルコ、キャピタ、アトスといった巨大企業を巻き込んでいます。こうした企業は、国民保健サーヴィス、司法省、難民支援、ソーシャル・ケア、障がい者と失業者へのサーヴィスに至る、基本的なサーヴィスを経営するための膨大な契約を勝ち取ってきたため、しばしば社会における最も傷つきやすい人々の多くを食い物にしているのです。[6] 実際、そうした企業は、より多くの人々を極度に脆弱にすることに、積極的に加担してきました。たとえば、刑務所を拡大し、多くの人々を収容するよう働きかけることによって。政府が外注する巨大企業に対して、政府は効果的な統制をすることがないため、この「影の国家」は、現実の国家を利用しているのです。そして、

［8］　イギリスに本社を置く、世界最大の民間軍事・警備会社。世界各地に65万人以上の従業員をもつ。

6　Alan White, *Shadow State: Inside the Secret Companies That Run Britain*, OneWorld (2016).

この説明責任を果たすことのない私的セクターの急激な成長によって、私たち自身のケアする能力にとってだけでなく――Ｃｏｖｉｄ-19の流行に対するイギリスの無策で気づいたように――、民主主義の可能性にとっても、破滅的な帰結がもたらされました。さらに、多くの国民国家において、地域サーヴィスのための国の交付金が枯渇《こかつ》し、最も基本的な社会的給付と社会資源のいくつかが掘り崩されてしまう引き金となったように、そうした企業の振る舞いによって、とりわけ地域コミュニティが激しく打ちのめされてきました。公的セクターの犠牲のうえに私的セクターを支援するという近年の遺産は、パンデミックによって歪んだ形であらわになり、大きな企業であるほど、より右翼的になった国家は財政的な試練をそれらには決して課さないことが顕著になったのです。そして、パンデミックが続くなかで、こうした時代こそ、イギリスを含め多くの国々において、アウトソーシングが加速される機会となることを、私たちは目の当たりにしています。

ケアを引き剝がされるコミュニティ

悲劇的にも、公的な福祉給付や資源がこうして周到に引き下げられ、グローバル企業の商品の連鎖に取って代わられることで、ケアにとってきわめて不健康なコミュニティという文脈が生み出されてしまいました。社会的なケア・セクターそのものほど、このことが明らかになったところはありません。公的セクターから企業がケア・ホームを巻き上げると――これは、政府の政策によって強制され可能となった一つのプロセスです――、自分たちのコミュニティのなかで「ケアされて」きた人々がしばしば放置される結果となりました。ケアを提供するために雇われていた人たちの能力は、幾重にも重なる理由からひどく落ち込みました。つまり、今なお進行中の搾取、人手不足、安い賃金、時間的制約、不十分あるいは全く存在しもしない職業としての安定性、そして、訓練や支援の欠如などです。[7] さらには、より小規模の、地域のケア提供者は、ケアを提供しているそのコミュニティにしっかりと根づいていたものが多かっただけに、それらが失われると、コミュニティのつながりがさらに断ち切られることになりました。

「直接手をかける」ケア提供がアウトソーシングされることは、しかしながら、コミュニティでのケアを維持する可能性を新自由主義が空洞化させる方法の一つにすぎません。同時に私たちが目にしているのは、公的空間の驚くべき縮減であり、企業や私的セクターの関係者たちがそれらを買い上げ、かつてはコミュニティの人々が共同で所有し、使用していた空間が私有化されていったのです。たとえば、大ロンドン都（GLC）[9]が1986年に廃止されると、あの大きく堂々としたGLC庁舎とテムズ川南岸にあるその敷地は、日本のエンターテインメント企業に売り払われました。[8] 公的な空間の多くが消失することによって、共同的な生という感覚は、だんだんと抱きづらくなります。一息ついたり、何かを楽しんだりするためであろうと、あるいは、共通の関心事につい

7　Bev Skeggs, 'What everyone with parents is likely to face in the future', *Sociological Review*, 29 March 2019, thesociologicalreview.com. また次も参照せよ。Bob Hudson, *The Failure of Privatised Adult Social Care in England: What Is to Be Done?*, Centre for Health and the Public Interest (November 2016).

［9］　かつて人口650万人以上を抱えるロンドンの広域行政を担当した行政区。20世紀に入り、当時存在していたロンドン県の区域を越えて広がる都市化に対応するために、1963年のロンドン地方自治法に従い、1965年に設置された。

8　Saskia Sassen, *Losing Control? Sovereignty in the Age of Globaliza-*

て議論したり、協働のプロジェクトに取り組んだりするためであろうと、人々が集まる場所はどんどん少なくなっているからです。こうした現状は、競争的な個人主義を煽り、あまりにしばしば孤独や孤立をもたらす一方で、民主的な意思決定に参加する私たちの能力に対して、破滅的な影響を与えるのです。

　コミュニティ資源の削減、人々よりも利益を優先する文化、そして、個人としての自己にのみ関心を集中させようとする社会的・政治的な景観は、民主主義を高めるためのコミュニティでのつながりを育成していくことが、これまで以上に難しくなったことを表しています。このようなケアのない世界は、共有されたアイデンティティを排除と憎悪に基づかせる、悪名高いケアしないコミュニティが成長する肥沃《ひよく》な土壌を生み出します。その典型例は、ミソジニストのインセル[10]と、白人のナショナリスト集団です。それだけでなく、ケアしないコミュニティは、人間の成長を促すための社会給付ではなく、取り締まりや監視への投資に集中します。そして、ケアのなさがあまりに多くの生活領域を支配するよう

tion, Columbia University Press (2015). 伊豫谷登士翁訳『グローバリゼーションの時代――国家主権のゆくえ』（平凡社、1999年）。David Harvey, *Rebel Cities*, Verso (2013). 森田成也ほか訳『反乱する都市――資本のアーバナイゼーションと都市の再創造』（作品社、2013年）。

[10]「インボランタリー・セリベイト」の略語、「不本意な禁欲主義者」という意味。女性たちが自分を蔑視するせいで恋人ができないといって、女性たちに憎悪を向ける男性たちを指す。

になり、コミュニティにおけるつながりが極端に弱くなると、ケアを支える好ましい社会基盤として、家族が登場するのはよくあることです。

ケアに足りない親族

伝統的な核家族は、いまだにケアと親族という現代的な概念の典型例でありつづけていますが、それはすべて、原初の「母子の絆《きずな》」といった神話がかった効果のせいです。この現象は、たとえクィアの人々が主流へと徐々に組み込まれるようになってもなお——彼女たち・かれらが伝統的な核家族のモデルを再生産するという条件のうえで——、続いています。私たちのケアの輪は、広がっているどころか、痛々しいほどに狭《せば》まっています。

こうしたケアのための諸制度は、頼りにならず、不正です。核家族は、ケアの基本的な単位を担うことができませんし、市場へのケアのアウトソーシングは、現在のケアへの期待やケア実践から生まれるジェンダー不平等の解決策たりえません。つまるところ、いずれの場合も、有償無償いずれのケア労働でも、そのほとんど（地球大で見れば、有償ケア労働の3分の2、無償の場合は4分の3）を女性が分担することになります。なぜ、女性たちはこうしたすべてのケア労働をしなければならないのでしょうか。もし、あなたを支えることのできる家族がいなければ、どうなるのでしょうか。もし、家族があなたを拒絶したり、あなたが家族を拒絶したりしたら、何が起こるのでしょうか。もし、民営化されたケア・サーヴィスにお金を支払う余裕がなかったとしたら、どうでしょう。現在のケア・レジームの帰結とは、せいぜいのところ、ケアを最も必要としている人を無視するか、孤立したままにするかであり、悪くすれば、防げたはずの病気や死を招くのです。自分自身と自分に最も身近な親族のケアだけを担うべきだとする新自由主義的な主張はまた、偏執《へんしゅう》的な形での「自分自身のケア」にもつながり、近年の世界中で台頭する極右ポピュリズムが誕生する土壌の一つとなっています。こうしたことが、地球大のケア不足から伝統的な家族頼りへという円環を生み、私たちがここで概観している異なる領域すべてが、切り離して考えられないほど密接に関連していることの背景となっているのです。

極右ポピュリズムの攻勢とパンデミック以降の世界という不確実さを生きるなかで、ケアという理念は縮減されてしまい、ケアがもっぱら「私たちと同じような人々」のためのこと、そうした人々だけに関わることを意味しがちになります。この恐るべき状況のなかで、ポピュリズム的国家は実際、「異なる人々」への無関心に覆われた光景をさらに創りだすことで、自らを強化します。一見したところ、移民の子どもたちが家族から引き離されたり、エコシステム全体が気候変動の結果焼き尽くされたり、ジャイル・ボルソナロ［大統領］のブラジルのように、新自由主義的な資本家たちの冒険のために計画的に環境が破壊されたりするのを見て、憤《いきどお》りを感じているのは、私たちほんの少数の者だけのようです。トランプのアメリカを特徴づけるイメージの一つとして、ファースト・レディのメラニア・トランプが、家族から引き離された難民の子どもたちを保護しているシェルターを訪れたときに、「私は本当に気にしていない、あなたはどう?」と大きな白い文字で殴り書きされたジャケットを着ていた例を挙げることができるでしょう。「本当に気にしていない」は、右派からは、一つの「現実主義」の形として提示されます。それは、私たちがここで、ケアのなさの凡庸さと名づけることの、強い証拠です。それはまた、依存や相互依存といった問題が、私たちの社会や生の一つひとつのレヴェルにおいて、いかに重要かを物語っています。そして、積み重なる破壊は、こうした相互依存が否定されるときに起こるのです。

解決に向けて

それでは、いたるところで生じているこのケアのなさに対処するために、いったいどこから始めたらいいのでしょうか。コロナウイルスという緊急事態のなかで、生死を握る力の一つとしてケアが注目を浴びるようになった今、遠い昔から現在に至るまで、「実践のなかのケア」と私たちが名づける豊かな事例を掘り起こすことから始めることです。そこで、以下では、組織の中心原理としてケアという理念を真剣に考える世界について、革新的な一つの構想を提示してみたいと思います。その理念は、あまりに長きにわたって、拒絶され、否認されてきたからです。

こうした構想によって、「普遍的ケア《ユニヴァーサル》」という一つのモデルが現れてきます。すなわち、私たちの生のあらゆる局面において、ケアが前面に、かつ中心に置かれる社会という理想像です。ユニヴァーサル・ケアとは、そのいかなる形式・実践においてもケアが、私たちの第一の関心事であり、単に家内領域だけでなく、その他のあらゆる領域、すなわち親族からコミュニティ、そして国家から地球に至るまで優先されることを意味しています。ユニヴァーサル・ケアという意識を第一に考え、それに向かって努力すること、そしてその意識を常識へと変えることは、ケアに満ちた政治、充実した生、そして持続可能な世界を育てあげていくために必要です。

ユニヴァーサル・ケアという構想を実現することは、急務であるだけでなく、もちろん多くの課題が課せられます。そのためには、私たちが共に相互依存していることを認め、ケアとケア提供の核心に、遍在する両義性を迎え入れなければなりません。また、ケアが平等主義的な方法で配分されること、すなわち、ケアは非生産的であるとか、生来的にまずもって女性の仕事であるかのようにみなされないこと、さらには、有償であったとしても、貧しい、移民の、あるいは有色の女性たちにほとんど任せておけばよいなどと思われないことが約束されなければなりません。ケアの重層的な喜びと負担が社会全体で共有されると約束することが、めざされるのです。生の異なる領域を横断しながら、この構想は、家族内ケアの限界を想像しなおし、より拡張された、あるいは「乱交的に」[11]さえ見えるような親族モデルをも含むことになります。真に集合的で共同的な生の形を取り戻し、資本主義的市場に対する複数のオルタナティヴを取り入れ、ケアとケア基盤の市場化に抵抗していきます。さら

[11]　第2章で詳しく論じられるが、1980年代エイズ危機の際に誕生した、同性愛者たちの新しいつながり・関係性のあり方を指す言葉。

に、福祉国家を再興し、鼓舞《こぶ》し、根本まで掘り下げていきます。そして最終的には、革新的なコスモポリタン的な共生、行き来しやすい国境、そして国境を越えたレヴェルにおけるグリーン・ニューディールへと向かい、それらを育成していくでしょう。

第1章　ケアに満ちた政治

ケアに満ちた政治についての私たちの考え方とともに、ケアに満ちた世界に関する急進的な構想を発展させていくことから始めましょう。ケアに満ちた政治において、ケアは多くのことを含意《がんい》する広範なものでありつつ、様々な違いや隔《へだ》たりを横断するものです。というのも、ケアの能力と実践は、私たちの生活の様々な側面において、それぞれの領域で異なった形態を取るからです。本書の冒頭で前提としていたのは、私たちは共に相互依存しているということ、またあらゆる生き物には本来的な価値が備わっているということを、何よりもまず認識しなければならないということでした。そのように認識する際に、私たちは多くのフェミニスト思想家の洞察に依拠することになります。なかでも、政治理論家であるジョアン・トロントは、「配慮すること（caring for）」と「関心を向けること（caring about）」、そして「ケアを共にすること（caring with）」を区別しています。「配慮すること」には、直接ケアをするという物理的な側面が含まれています。「関心を向けること」は、他者への感情的な没入《ぼつにゅう》や愛着を示しています。そして「ケアを共にすること」は、この世界を変革するために私たちがいかに政治的に動員されるかを描いています[1]［1］。しかし、ケアには様々な形状があり、その現れは多様であるということを考えると、これらの区別はケアの能力と実践のすべてを十分に言い表せているわけではありません。また、ケアやケアを担うことには、パラドックスや相反する感情、そして矛盾が内在しているということについても、これらの区別は説明していません。

　それゆえ、私たちのケア理解を描き出すためには、より広範囲の思想家や活動家に依拠する必要があります。このため、近くの人に対する物

1　Joan Tronto, *Caring Democracy: Markets, Equality, Justice*, New York University Press (2013).

［1］トロントは著書 *Caring Democracy* において、ケアを5つの局面に分類している。①関心を向けること（**caring about**）：ある人や集団が、満たされていないケアのニーズに気づく局面、②配慮すること（**caring for**）：ある人や集団が、これらのニーズが満たされたかを確かめる責任を引き受ける局面、③ケアを提供すること（**care-giving**）：実際のケア提供がなされる局面、④ケアを受け取ること（**care-receiving**）：ケアされる人、もの、集団、動物、植物、環境からの応答を受け、ケアの適切性を評価する局面、⑤ケアを共にすること（**caring with**）：ケアのニーズやそれらを満た

理的・感情的なケアについて考えることから、ケアを支える社会基盤やケア全体に関わる政治の本質を理論化することを通じて、見知らぬ人や遠く離れた他者へのケアを概念化するに至るまで、行ったり来たりしながら議論を進めていくことになります。生に関わるありとあらゆる領域を編成する中心原理としてケアを考えるためにも、私たちが主張することは、ケアとケア実践ができるかぎり広く理解されるような、フェミニスト的、クィア的、反人種差別的、そしてエコ社会主義的視点を、精巧につくりあげていかなければならないということです。

依存とケア

ケアにまつわる皮肉は多くありますが、そのなかの一つに、実際には富裕層こそが最も依存的であり、彼女たち・かれらは、数え切れないほどの個人的な仕方で、お金を支払う見返りにサーヴィスを提供してくれ

す方法が、すべての人にとっての正義、平等、そして自由に対する民主主義的なコミットメントと一致するようにする局面（pp. 22-23）。本書『ケア宣言』では、これらのなかでも特に①②⑤に焦点が当てられており、かつ②は③と同様の意味で用いられている。

る人たちに依存している、という皮肉があります。確かに、彼女たち・かれらの地位や富は、ナニー、家政婦、料理人、執事から、庭師、そして世帯の外でそのあらゆるニーズや欲求に応える多くのワーカーたちに至るまで、常に支援と注視を提供してくれる人々がどれほど多くいるのかを、部分的に反映しています。それにもかかわらず、超富裕層が自分たちの行為能力について疑いを挟《はさ》まず、自らをケアしてくれる人たちを支配し、つまり、解雇したり後任を雇ったりする能力をもっているかぎり、この深く根ざした依存は隠蔽《いんぺい》され、否定されたままなのです。さらにいえば、裕福な者たちは、依存を、ケアワークの微々たる稼《かせ》ぎに頼っている人々の経済的従属と同義とみなし、依存の意味をすり替えることによって、ケアしてもらうためにお金を支払っている相手に、自らの依存を投影します。他方で、ケアされなければならないニーズを自らももちつづけているということを、認めることを拒んでいるのです。

同時に、多くの国々では、たとえば慢性疾患《まんせいしっかん》の患者など、最もケアされる権利があると感じるべき人々が、国家に対して要求をする必要がある際に、懲罰《ちょうばつ》的な屈辱を受けるということがよく報告されます。まるで、権利の要求者には、何かとかこつけていつも嫌な気持ちにさせておかなければいけないかのようです。[2] たとえば、労働・年金省が公表する統計からもわかるように、イギリスにおいては、仕事に戻れる［から保険手当は出ない］と宣告された後に、数千の人々が亡くなっています。仕事を探している間に短期間の援助を必要としている人々でさえ、脅迫的な懲罰的制度に日常的に晒されており、結果的に深い精神的ダメージを受けています。メンタルヘルスワーカーたちは、そのことを非難してきました。ケアへの依存は、私たち人間の条件の一部として認識されるどころか、病理化されてきたのです。

なぜ相互依存のこれらの形態、そしてケアそのものが、くりかえし価値を貶められ、病理化までされているのでしょうか。

一つの理由は、自律と自立がグローバル・ノースにおいて、歴史的にいかに重視され、「男性的」とジェンダー化されてきたかということと関連しています。そして実際に、足かせのない男性の自律と自立という

2　Sarah Benton, 'Dependence', *Soundings: A Journal of Politics and Culture* 70 (Winter, 2018): 61, 62.

考え方は、「男らしさ」の象徴でありつづけ、家庭生活の「優しく」、ケアに満ちた、依存的な世界と何よりも対比的に定義されます。歴史的に、そして今日に至るまで、男性には権威主義的ではっきりとした男らしさを示すようにという圧力があり、それは近年、傷を負った性差別主義者たちのフェミニズムに対するバックラッシュ[2]によって掻《か》き立てられています。権威主義的な男らしさのこうしたひどく薄っぺらな形態が危険であることは、今日ではわかりきったことです。男性の自殺率が高いということ、そしてその攻撃的で非応答的な振る舞いのうちに見られる潜在的な病理に気づいても、こうした破壊的な男らしさの典型像が置き換えられることはありませんでした。合衆国における無差別銃撃犯の大多数は男性――それも白人男性――であり、あるいはその多くが女性に暴力を振るったことがあるということは、決して偶然ではありません。その問題はかなりの程度、脆さや弱さといった、比喩《ひゆ》的に女らしさと認められるような特徴をあらわにしてしまうことへの恐怖が原因です（この問題はしばしば、階級、年齢、人種やその他の階層的な権力構造での階層内・階層間

［2］ある状況が変化したことに対して、もとあった状況へ揺り戻すように否定的な反動・バッシングが起こること。

の地位をめぐる闘争を横断して、様々な形で現れます）。過去においても現在においても、男性は、ケアし、自らの依存を認めるように励まされるのではなく、むしろそうするのは「あまり男らしくない」と、頻繁に罰せられてきました。

それゆえ、ケアは「女らしさ」やケアを担うことと関連づけられることで、歴史的に過小評価されてきました。それは、女性の仕事として理解され、家庭内領域や再生産[3]において女性が中心を占めていることと結びつけられてきました。生産ではなく、再生産の領域として家族的な空間や家庭が考えられることにより、ケア労働は、ケアワーカーを低賃金で雇うにせよ、家での女性の無償労働に頼りつづけるにせよ、市場によって常に搾取されることがますます容易になっています。女性はケアする本性をもつという想定にもかなり長い歴史があり、時とともに様々な仕方で示されてきました。１９５０年代と60年代においては、女性は幸せな主婦というイメージに苦しめられ、周知の通りベティ・フリーダンが「女らしさの神話」と呼んだもののイデオロギーのなかに、彼女たち

［3］　市場における生産労働に対して、一義的には、労働力を再生産するという意味での、出産・育児・家事などを指す。さらに、より広く、家族、友人、近隣、コミュニティといった人間関係を紡ぎ出す活動も、社会の共同を支えるという意味で、社会的再生産と呼ばれる。

は閉じ込められていました。[4]女性は生まれながらにしてケアする能力があるというこれらの見解は、あらゆる西洋の白人女性を取り囲んでおり、彼女たちは結婚するとフルタイムの主婦になっていきました——彼女たち自身も、おそらく単純に、家事は結婚後に自分たちに期待されている役割であると思っていたでしょう。第二波フェミニズム[5]の主要な目標は、これらの家に縛られた女性たちの多くが、極度の孤独や不満、そして憂慮《ゆうりょ》を抱えているということを暴露することだけではありませんでした。それはまた、子育てや家庭内奉仕は、女性がどれほど喜んで母親であることにいそしみ、一般的なケアや家事労働を果たしているとしても、明らかに（しばしば重）労働であるということを主張することでもありました。

しかし、時代は時に早すぎるほどに移り変わります。今日においてグローバル・ノースでは、男性とほとんど同じくらい多くの女性が有償労働者となっており、しばしば家族や自分自身のための十分な財源を確保するために、今まで以上に長時間にわたって働いています。ますます多

［4］『女らしさの神話』（*The Feminine Mystique*）はフリーダンの著作名であり、邦訳は『新しい女性の創造』（改訂版、三浦冨美子訳、大和書房、2004年）。本書の刊行は第二波フェミニズムの重要なきっかけとなり、その後フリーダンは1966年に創設された全米女性機構（National Organization for Women, NOW）の初代会長に就任した。

［5］第一波フェミニズムは19世紀から20世紀前半ごろまでの女性参政権運動を指すのに対して、第二波フェミニズムは（英語圏では）1960年代から80年代ごろまでの、「政治参加のみならず、中絶や性暴力などの性や生殖をめぐる問題、賃金の不平等など労働における差別、家庭内暴力など、より広い問題を扱い、それまでは個人的な

くの女性が家という領域を去り、雇用に参入するにつれ、私たちは進行しつつあるケアの危機が変化し、形を変えるのを目の当たりにしてきました。多くの女性にとって、有償労働は公的領域に参加することを意味するだけでなく、彼女たちが背負う二重の負担をますます大きくもさせたのです——すなわちそれは、有償労働と無償の家庭内労働という二重の負担であり、多くの労働者階級の女性たちは常にそれらを同時に担ってきました。全体的に見ると、男性たちは家において以前「よりも手伝っている」ということを統計が示すものの、男性と女性によって担われる家庭内労働の量にはあからさまな不均衡が依然としてあります。さらにいえば、わずかにより多くの資源をもった女性たちにとって、二重の負担をやわらげるということは、圧倒的に貧しい、移民の、そして非白人の女性という別の女性たちを雇い、彼女たちにケア労働の大部分、特に家庭内奉仕を背負わせることを意味してきました。今度はこのことが、国境を越えた搾取的なケアの連鎖を促してきたのであり、グローバル・サウスから来た女性たちは、ケアワーカーとしての仕事を求めてグロー

こととして公的に議論されなかった不平等についても着目するようになった」ものである。その後、1990年代頃から2000年代頃までの第三波フェミニズムは、文化や芸術などと強く結びつき、第二波フェミニズムの功績を認めつつもその思想の「厳格さ、禁欲的傾向、白人中心主義」を批判して距離を取り、「伝統的に女らしいと考えられてきたもの、可愛らしいもの、華やかなもの」を象徴として使用した。それが徐々に変化した第四波フェミニズムは、それまでのフェミニズムにおける関心を共有する一方で、人種やジェンダー、階級といった人々の様々な属性が交差することによって複雑な社会的抑圧が起きていることを示すインターセクショナリティや、#MeToo運動などに象徴されるSNSの活用、そしてエマ・ワトソンなどを代表とする

バル・ノースに移住し、しばしば自らの子どもたちの面倒をみるのは他の人たちに任せてきています。このように、人種差別はジェンダーおよびグローバルな不平等と結びついてケアの労働の価値を貶め、彼女たちのケア労働が雇用主たちにとっていかに本質的で貴重なものであろうとも、きわめて多くのケアワーカーたちが低賃金で雇われ、常習的に搾取されるという帰結を導いてきました。

ナンシー・フレイザーの説得力のある定式では、伝統的な「男性稼ぎ手」モデルはこのように近年「普遍的稼ぎ手」モデルに置き換えられ、両親はフルタイムの過重労働をするように推奨され、強制までされています。しかし、これが解決策である必要はありません。私たちは、親としてのケアと、有償労働の場における機会の平等の両方に価値を置く、フレイザーが「普遍的《ユニヴァーサル》ケア提供者」と呼ぶものを全面的に支持しています。[3][6]とはいえ私たちは、「ユニヴァーサル・ケア」という着想を広げるために、このケアの理論をさらに一歩進めたいとも思っています。すなわちそれは、一つの社会の理想であり、その社会ではケアが生のあらゆ

セレブリティによる活動を特徴としている。（引用・参考：北村紗衣「波を読む――第四波フェミニズムと大衆文化」『現代思想』２０２０年３月臨時増刊号、48〜56ページ。）

3　Nancy Fraser, *Fortunes of Feminism*, Verso (2013).

［6］　フレイザーは、異性愛核家族の男性家長が家庭内の子どもと専業主婦を家族賃金で養うという、資本主義の工業化時代の想定からかけ離れつつある現在、フェミニストは脱工業化福祉国家の構想としていかなる福祉国家モデルを採用することができるのかを問うている。その第一の答えが、女性の雇用を促進し、女性が担ってきたケア

る領域において前面にかつ中心にあり、直接手をかけるケアワークだけでなく、コミュニティや世界そのものの維持のために必要なケアワークに対してでも、みなで連帯して責任を引き受けます。実際のところ、これは「みんながすべてをやらなければならない」ということを意味するのではありません。そうではなく、これが意味するところは、お互いをケアし、そして自然世界を略奪するのではなく、むしろ回復させ、育むための能力を私たちが身につけ、高められるような、社会的・制度的・政治的な諸機関を発展させ、それらを第一に考えるということです。ユニヴァーサル・ケアという意識を第一に置き、それに向かって努力することと――そしてその意識を常識へと変えようとすること――は、ケアに満ちた政治と充実した生の双方を育てあげていくために必要なのです。

ワークを国家サーヴィスとして提供する、すなわちみんなが稼ぎ手になるという「普遍的稼ぎ手モデル」であり、第二の答えが、女性の家庭内での非公式的なケアワークを公的に支援し、ケアワークの地位を公式な有償労働の地位にまで格上げする「ケア提供者対等モデル」である。どちらもフェミニスト的であるが、しかし反貧困、反搾取、収入の平等、余暇時間の平等、尊重の平等、反周辺化、反男性中心主義という7つの原理からなるジェンダー正義を、どちらのモデルも十分には達成することができない。そこで、フレイザーの提案する第三の答えが、男性がケアワークを公平に分担する、すなわちみんながケア提供者となり、雇用や制度はケア提供者を兼ねる労働者向けに再デザインされるという、「普遍的ケア提供者モデル」である。

ケアの相反する感情

もちろん、ケアを生のあらゆる領域において前面にかつ中心に置くことで、多くの課題が生まれるでしょう。まさに「ケア」という概念は、パラドックスと相反する感情に溢れています。確かに、配慮すること、関心を向けること、そしてケアを共にすることの間の区別は――それはトロントのようなフェミニスト学者たちが発展させてきましたが――、役に立つ一方で、様々なケアの形態に不可避である、相反する感情については説明していません。勇気や愛、そして怒りのような、同様に複雑な感情用語と比較すると、ケアという概念にはふさわしい敬意や注意が払われることはめったにないのです。その神話的で語源的なルーツですら、複雑に縺《もつ》れあっています。英語のケア（care）という語は、古英語のカル（*caru*）に由来し、それはケア、関心、不安、悲しみ、嘆《なげ》き、そして困惑を意味します——この言葉には二重の意味があるということが、はっきりと表れているでしょう。このことが反映しているのは、あらゆる生物のニーズや傷つきやすさに対して十分に注意を払うこと、そしてそれゆえ脆さに直面するということは、やりがいのあることであると同時に、極度の疲労を伴いうるという現実です。たとえば、直接手をかけるケアを通じて、それがどれほど報《むく》われるものであろうとも、私たちを最もひるませ、時に最も不快で恥ずかしいと思わせるかもしれないもの、すなわち、死すべき、肉体をもった自己という人間の一側面を、私たちは目の当たりにすることにもなります。私たちが最も嫌悪するような仕事、おそらく文字通り自分自身や他人の排泄物を掃除する仕事をこなしている人々がその仕事をおこなうのは、「彼女たちが適任である」からであるかのように信じ込むことで、多くの人々は安心するかもしれません。これは、なぜケア実践が女性や召使い、あるいは劣っているとみなされる人々の領域に伝統的に追いやられ、また同時にその劣等の概念を強化する働きをしてきたのかについての、もう一つの理由です——すなわち、まさに彼女たちは、私たちが逃れがたく身体的な存在であり、それゆえ死すべき運命にあるという証としての、「おぞましい」肉体を扱うのにより適していると考えられてきたからです。

同情や心配は、他のあらゆる人間の感情と同様に、常に変化しますし、自己満足や承認欲求への衝動のような他のニーズや欲求、そして感情に動かされた状態としばしば折り合いがつかず、罪や恥といった感情と絡《から》まりあってもいます。ケアをめぐる難しさ、また特に、ケアが良く適切におこなわれているかどうかに関する不安、そしてもちろんケアの価値の貶めは、ケアする関係性において、模範としてしばしば神話化されてきた関係性においてさえも、恨《うら》みや怒りを容易に煽ることがあります。まさにこのことから、『母の相反する感情の経験』（1995年）という古典的テキストを著《あらわ》したロジカ・パーカーのように、フェミニストたちは、母親が自らの子どもに対して向ける、混乱し矛盾した感情を認識することの重要性を強調しました。実際に彼女は、そのようなケアの相反する感情を認識することそれ自体により、活力が与えられ、新たな生がもたらされると考えています。4[7]

肯定的な感情と否定的な感情の双方は、私たちのケアの実践とケアする能力の双方と不可避に絡みあっています。ケアが能力として、そして実践として複雑であり、乗り越えるべき多くの課題を伴うというまさにその理由から、身近な他者と遠くの他者の双方をケアすることを可能にするために不可欠の社会基盤が提供され、保証されなければならないのです。たとえば、豊富な資源と時間がそうです。今日の労働市場からの圧力に直面している親やその他のケアの担い手たちは、彼女たちに依存している者たちの本質的なニーズに応える時間がほとんどないということを、日常的に経験しています。外の世界にいる他の人々の状況に関心を向けられないのはいうまでもありません。もっと多くの時間があり、かつ十分な物質的資源があることは相互にあいまって、家庭から地球レヴェルに至るまで、充実した独創的なケアの実践を基礎づけ、それを促進するために、不可欠です――そしてそれは、人間か人間でないかにかかわらず、あらゆる生物の福利全般を育むことになるでしょう。

4　Rozsika Parker, *Torn in Two: The Experience of Maternal Ambivalence*, Virago (1995).

[7]　パーカーによれば、母の相反する感情とは、子どもに対する愛と憎の感情が共存している状態である。私たちの文化に深く浸透した、子どもと合一化し、愛情をそそぐことに喜びを感じるという意味での「母としての理想像」は、母親が子どもに対して相反する感情を抱くことを否定するため、子どもを愛しつつも同時に憎んでしまう母親は、理想像に適合できていない自分に罪悪感を抱いてしまう。しかし、相反する感情はすべての母親が経験するものであり、彼女はそれを認識することの重要性を説いている。

翻《ひるがえ》って、豊富な資源と時間は、どれほど遠かろうとも、これまでになくできるかぎり他者をケアしようという傾向性が生まれる条件をもつくりだします。こうした社会基盤を保証することによってのみ、与え手か受け手かにかかわらず、ケアと不可避に結びついた否定的感情の少なくともいくらかと、私たちはうまくつきあっていけるようになるのです。公的支出は依存という病理をつくりだすどころか、その反対が真実なのです。適切で確実な資源があることによってのみ、どれほど脆く、特別な援助を必要としていようともあらゆる人が[8]、ある程度の自律の感覚を可能にする、自身がもつ何らかの潜在能力を発達させ、維持することができ、そして完全に無力で受動的なままでいるという病理から逃れることができるのです。このことは、障がい者の権利活動家によってよく描き出されています。彼女たち・かれらは、自己決定を戦略的に中心に置くこと、すなわち、ある種の「自立」に賛成してきました[9]。そこでは、まさに彼女たち・かれらは特別なニーズをもつにもかかわらず、またはそれゆえに、彼女たち・かれらの生をめぐる自律やコントロール権が鍵

[8] 人が資源を用いて、何らかの状態や活動を達成する（機能する）ために必要となる実質的自由のことを指す。カタカナで「ケイパビリティ（capability）」とも。第6章訳註［3］を参照。

[9] 「自立生活」とは、日常生活において介助を必要とする障がい者が、家族のもとで暮らすのでもなく、施設のなかで暮らすのでもなく、介助者の助けを借りながら地域で暮らす生活のことをいう。立岩真也によれば、ここでの「自立」とは、職業的に安定し自分の稼ぎで暮らすという「経済的自立」でも、日常生活動作を一人でおこなえるという意味での「身辺自立」でもなく、「自律」とも言い換えられるような、自分の生活のあり方を自分で決定するという「自己決定権の行使と

となるのです。

自立生活は、自分自身で何もかもやりたいとか、誰も必要とせず、孤独のうちに生きていたいということを意味しているのではありません。自立生活が意味するのは、障がいをもたない私たちの兄弟姉妹や隣人、そして友人たちには当たり前の、日々の生活における選択肢とコントロール権を同じようにもつことを、私たちは要求しているということです。[5]

私たちは、依存と病理の破滅的な結びつきを打ち壊し、それぞれ異なり一様ではないけれども、私たちはみな相互依存を通じて、またそれによって形づくられているのだということを、認識する必要があります。

このように、真にケアに満ちた政治を再想像するために、私たちは、私たちの生存と繁栄がいつでもどこでも他者のおかげである、その無数の仕方を認識することから始めなければなりません。ケアに満ちた政治

しての自立」を指す（立岩真也「自立」『福祉社会事典』５２０〜５２１ページ、弘文堂、１９９９年）。障がい者に否定的な価値を与え、彼女たち・かれらを社会から締め出し、家族や施設のなかに押し込めてきた制度や人々の認識を糾弾する自立生活運動は、従来の自立観を変容させ、他者に支配・統制される生活を拒否し、家族や施設への依存を断ち切るという意味で、自立や自律という言葉を戦略的に用いてきた。（参考：安積純子、岡原正幸、尾中文哉、立岩真也『生の技法――家と施設を出て暮らす障害者の社会学』第３版、生活書院、２０１２年。）

5　以下を参照せよ。Adolf Ratzka, 'Independent living and our organizations: a definition', independentliving.org, 1997.

は、この相互依存と、そこから不可避に生じる相反する感情や不安の双方を理解しなければなりません。私たちは、無くすことのできない私たちの差異とともに、私たちに共通する依存が課す様々な困難を認めて初めて、特別なニーズが何であろうと、またケアの与え手か受け手かにかかわらず、これらの立場がしばしば互恵《ごけい》的であることにも気を留めながら、あらゆる人の潜在能力を育てるのに必要な技術や資源を十分に評価できるようになるのです。ケアを与えることも受け取ることも必要であるということを認識することによって、私たちは、共通の人間性という感覚を獲得するだけでなく、人間の脆さに対して私たちが共通して抱く恐怖を、「依存者」としてラベリングされた人々に投影するのではなく、むしろその恐怖に立ち向かうことができるようになるのです。

さらにいえば、人間の相互作用の複雑さを認識させてくれるケアの実践は、社会のあらゆるレヴェルにおける民主的なプロセスを再想像し、より十全にそれに参加する能力を高めてもくれます。結局のところ、相反する感情や矛盾した感情をもちつつ、それとうまくつきあっていくことは、民主的なコミュニティを築き上げる鍵となります。逆にいえば、よりケアに満ちた世界を創造するという、もっと大きな構想の一つの核として、参加型の民主主義を深めていくことによってのみ、私たちはケアにまつわる多くの相反する感情と適切につきあっていこうと望むことができるようになるのです。さらに、ケアの難しさを取り除くことは決してできないけれども、よりケアに満ちた親族関係、コミュニティ、市場、国家、そして世界を築きはじめたならば、その難しさをやわらげることはできると、私たちは提案するのです。それゆえ以下では、これらの生活の領域のすべてに、順々に取り組んでいきます。後にも示すように、これは共有財《コモンズ》を創造し、それを守ることを必然的に含んでいます。すなわちそれは、集合的に所有され、社会化された供給、空間、そして社会基盤というあり方です。とはいえ、現在のケア・レジームは、できるかぎり親族関係の領域にケアを隔離しようとしているため、こうしたレジームを批判し、その代わりになるのは何かを想像するにあたり、まずは家族から始めてみることにしましょう。

第2章　ケアに満ちた親族関係《キンシップ》

私たちのケアの輪《サークル》を多層化することによって——その第一段階として、親族に関する私たちの考え方を拡張することによって——のみ、私たちは、ユニヴァーサル・ケアを理念とするケアに満ちた社会を構築するために必要な、心理的な基盤を獲得することができるでしょう。第2章では、他の時代や場所に共通して見られ、現在の親族を代替するような構造に基づいていた、ケアに関わる幅広い諸制度に目をやることで、「乱交的なケア」という新しい倫理を提案します。この新しい倫理によって、私たちが配慮し、関心を向け、共にケアする人々の数を増やすことが可能になり、したがってそれは、私たちがどのようにケアするのか、ある種の実験を試みさせてくれるでしょう。

ケアに満ちたオルタナティヴな親族関係

ケアする親族関係が今とは異なる形で結ばれていた文化を探すには、それほど遠くにまで目をやる必要はありません。必要性からであれ、制度設計されたものであれ、核家族を超えたケアは、数世紀にわたり、程度は異なるとはいえ、様々な社会において受け入れられてきました。どれほどラディカルであるかは、事例によります。

たとえば、「母親業」を取り上げてみると、それは私たちの文化においていまだにケア関係の原型だとして支持されながらも、その実践はあまりに厳格に理想化されているために、その役割を望み、それをやり遂げるだけの資源をもつ女性にとってさえ、しばしば重荷となるほどです。

しかし、母親業は、違う形で想像しなおされてきました。合衆国のアフリカ系コミュニティでは、人種差別主義がコミュニティの資源を枯渇させ、他と比べ彼女たちの生は脆いために、黒人女性たちは、母親業がどのようにありうるか、子育てを「産みの母親《ブラッドマザー》」と「その他の母親《アザーマザーズ》」とで分担し、長い時間をかけて再想像してきました。産みの母は、子どもの生物学的な母親であり、アザー・マザーズとは、生物学的な母が彼女自身の子どもをケアすることがかなわないときに、頼りにできる女性たちからなるネットワークです。西アフリカの伝統に学んだこうした親族関係のモデルは、奴隷としてであれ、搾取された家事労働者としてであれ、黒人たちが自分たちの子どもの代わりに白人の子どもたちにとっての第一のケア提供者になったときに、新しい形をとりました。分類上は、アザー・マザーズは家族構成員——祖母、姉妹、従姉妹——を含みますが、重要なことは、そこに、近所の人や友人たちも含まれていることです。こうした拡張された親族という考え方は、すでに過重な負担を背負わされた社会集団のケアする重荷を軽減し、ケアすることの課題だけでなく喜びをも、そのコミュニティにおける他の女性たちへと広げるのです。[1]

これらと密接に関連しているのが、1970年代の第二波フェミニズムの取り組みの一つとして現れた子育て実践でした。子育ての負担、その実践としての低い評価、そして、それを担うことによって女性たちが公的な生活への参加を阻《はば》まれていたことが、この時代のフェミニストたちの闘いにおける主要なテーマでした。第二波のフェミニストたちは、いくつかの異なる解決策を提示しました。（男性がいる場合もあれば、いない場合もある）共同生活を推奨する者もいました。そこでは、子育てを含むあらゆる家事が平等に分担され、すべてのメンバーが、家内領域外での生活はいうまでもなく、ケアの負担も喜びも経験することができました。また、しっかりした給付つきの育児休業や、共同保育所、（左翼の男性も時に加わる）託児所《クレッシュ》などの、多様な形での子育て制度を支持する者もいました。

こうした共同の子育てをめぐる諸制度を描写する用語を選ぶとすれば、それは「選択からなる家族」でしょう。[2]〔1〕この用語は何よりも、第二波フ

1　Patricia Hill Collins, *Black Feminist Thought: Knowledge, Consciousness, and the Politics of Empowerment*, Routledge (2000), pp. 178-83.

2　Kath Weston, *Families We Choose: Lesbians, Gays, Kinship*, Columbia University Press (1991).

ェミニズムと同時代のＬＧＢＴの政治運動と共に展開されました。そもそもそれは、子育てというよりも、生物学的な家族の外にある、ＬＧＢＴの人々が自分たちにとって最も重要だと感じてきた関係性を意味していました。選択からなる家族は、非規範的なセックスやジェンダー表現のために、彼女たちの生物学的な家族からは拒絶されたかもしれない（そして、いまだにされるかもしれない）人たちの間に出現しました。結果として、ＬＧＢＴの人々はしばしば、各都市にある「ゲイが集う近隣地区」に移り住み、自分たちのケアに関わるニーズを満たしてくれる友人や恋人たちと家族のような関係を築きました。その多くは、必要に迫られたからですが、それだけでなく、異性愛規範によって拘束され、かつそれを通じて形成された関係性を超えて、ケアと親密性からなる情愛関係を拡張することを求めたゲイ・リベレーションというラディカルな政治の一部としても主張されたのでした。

20世紀後半になり、部分的にではあれこうした社会運動の結果の一つである「脱伝統化された」社会では、彼女たち・かれらが鼓舞したオル

［1］　キャス・ウェストンが、1980年代のゲイ・レズビアンたちの参与観察のなかから、彼女たちの友人関係・近隣関係を含んだ多様で多層的な家族を表した概念。「選びとられた家族」、「選びとる家族」とも訳されることが多いが、ウェストンの研究から浮かび上がるのは、彼女たちが生物学的な家族との関係が断ち切られることを恐れ、あるいは関係を断ち切ることもできず、むしろ自らを愛する者か血縁の家族か、いずれを選ぶのかといった選択に立たされるなかでの葛藤である。したがって、本書では「選択からなる家族」と訳す。

タナティヴな親族構造は、自分たちを必ずしもラディカルだとはみなしていない人々の生活のなかにも浸透しはじめました。２０００年代初めにおこなった実証的な研究において、社会学者であるサーシャ・ローズニールとシェリー・バジェンは、イギリスの様々な地域で、人々にとっての第一のケア提供者は、パートナーや親戚ではなく、友人であることが多いと明らかにしました。友人たちは、同居し、互いの子どもの世話をし、病人や死の間際の人たちの苦痛を緩和するケアをおこなっていたのです。問題は、いまだにそうなのですが、国家がこうした友情関係を十分に承認しないために、彼女たち・かれらには決定権が与えられず、また彼女たちが望んだであろう資源に足りないのはいうまでもなく、ケアに必要なだけの資源も与えられず、長期にわたって安定した関係にはなりづらいことでした。私たちの宣言と全く変わらぬ精神をもってローズニールは、その研究の結論として、ケアをめぐる私たちの想像のなかの典型的な人物として、「友人」は容易に「母」に取って代わりうるし、関係性の第一の単位として「親密性とケアが織りなすネットワークとその循環」が、家族に取って代わるべきだと論じました。[3]

新自由主義と異性愛＝家父長的な親族の双方が、ケアの適切な基盤を提供することに失敗しているこれ以上ない具体例が、１９８０年代と90年代におけるエイズ危機、依然として合衆国のアフリカ系の人たちとアフリカ大陸に住む人たちの大部分にとっての危機であることは、疑いようがありません。市場は、ＨＩＶ／エイズの発生初期に様々なコミュニティで広がるそのスピードと規模に対応することができませんでした。そして、当時最も感染の影響を受けた人々として、ゲイ男性とトランス女性たちが顕著になると、エイズ患者たちもまた、その生物学的な家族に見捨てられるといったことが頻繁に見られました。

ブラック・パンサーズ[2]や、１９７０年代に始まるフェミニストやゲイの解放運動家たちのヘルスケア・イニシアティヴ[3]といったコミュニティ・モデルを土台として、様々な規模の、多様な政治色をもつコミュニティ組織が、こうした［ケア提供に関する］ギャップを埋めるために誕生しました。合衆国やイギリスにおける、アクト・アップ、エイズと闘う

3 Sasha Roseneil and Shelley Budgeon, 'Cultures of Intimacy and Care Beyond the Family: Personal Life and Social Change in the Early 21st Century', *Current Sociology* 52 (2) (2004): 153.

［2］ 警察官の攻撃から自衛するため、１９６６年にカリフォルニア州オークランドで結成され、その後全国に広がった運動組織。マルコムＸの影響を受け共産主義と民族主義を標榜していたが、主な活動は、何よりも警察官の暴力を阻止し、黒人の雇用を安定させることであった。掲げられた目的は、すべての者への土地、住居、そして正義であった。

［3］ 女性たちの健康運動など、社会的に抑圧・差別されている集団が自分

ゲイ男性、バディーズ、テレンス＝ヒギンズ基金といった諸グループ[4]が、ゲイ男性、レズビアン、第二波フェミニスト、そして有色の人々を結びつけ、政府、巨大製薬会社、そして一般市民たちに対して、目を覚まし、病に殺されていく周辺化された人々に関心を向けるよう要求しながら、彼女たち・かれらへのケアを提供できるだけのイニシアティヴを発揮しました。こうした下からの努力は成功したとはいえ、危機の規模が、その成功は部分的にすぎなかったことを物語っていました。にもかかわらず、こうした運動は、他者を気づかうための重要なモデルの一つを提供し、ケアに満ちた親族を構成するものは何かという私たちの考え方を変えてくれる具体例になっています。この種のケア・ネットワークを「私と同じような異人たち《ストレンジャーズ》」と呼ぶことができるかもしれません。すなわちそれは、私たち自身と似た生を送る、見知らぬ者たちによって担われるケアの形なのです。

「私と同じような異人たち」へのケアでは、今日のようなデジタル時代において、興味深い展開が見られます。デジタル社会学者のポール・

たちの健康を維持し向上するために、知識や情報を得、より良い医療や衛生、食生活を獲得していこうとする動き。たとえばフェミニズムであれば、そうした動きは、リプロダクティヴ・ライツの獲得へとつながっていく。

[4]　HIV／エイズに罹患した人々の声を政府に反映させたり、健康相談、情報の共有、製薬会社への要求などを通じて、彼女たち・かれらの生を支援したりするために、1980年代から90年代にかけて設立された諸団体。

バイロンの研究によれば、ソーシャル・メディアのプラットフォームであるタンブラー上で、トランスの人々は頻繁に、命に関わるケアを展開しています。この50年間に見られたLGBT＋の運動の前進にもかかわらず、トランスの人々は社会集団のなかでも最も周辺化された集団のままです。彼女たち・かれらは、暴力の危険に晒されやすく、自殺する率も高く、そしてケアが必要となったときの資源のなさは深刻です。バイロンの研究は、いかにタンブラーが、トランスのコミュニティが集まり互いにケアを提供しあう際に理想的な場となるかを示しています。[4] 他のプラットフォームとは違って、タンブラーは、そのユーザーに自分のプロフィールを明らかにすることを求めず、ユーザーは、匿名でそのプラットフォームを訪れることができます。こうした匿名性は、自らのジェンダー・アイデンティティとうまく折り合いがつかなかったり、それを表明することが命を脅《おびや》かすことになりかねない人々にとっては、きわめて重要です。結果として、タンブラーは、世界中のトランスの人々が情報、アドヴァイス、そして精神的な支援を共有する場となりました。そ

4　Paul Byron, *Digital Media, Friendship and Cultures of Care*, Routledge (2020).

れは、組織と帰属、そしてケアのための空間を提供しているのです。こうした現象から私たちは、ケアに関連して（ケア労働者のギグ・エコノミーと、ケアを必要とする人たちをマッチングさせようとするような、実際にはケアの名に値しない試みから利益を得ようとするケア・ドットコムのような搾取的な形のプラットフォームを超えて）デジタルが与える重要な場について考えることができます。それは、私たちが知らない、そして決して会うこともかなわないような人々へのケアを包摂《ほうせつ》する力があるのです。

差異を横断するケア実践

ここまで概観してきたようなオルタナティヴな親族構造は、核家族を超えたケアについて考えることを促してくれるものの、直接手をかけるケア（配慮すること）という考えに依拠しており、ある程度の同質性――共通の病気や世界観といった同質性をも含む――に基づいています。しかし、新しいケアのモデルを想像しようとすると、差異——ある特定の時や空間において、いかなる形で「差異」が構築されていようとも——を横断するケア実践が、さらに挑戦的な課題となります。

主体の相互依存性を論じる他の理論家と同様に、哲学者のエマニュエル・レヴィナスは、自己は他者との関係性を通じてのみ構築されるので、私たちは倫理的に、その他者のケアを強《し》いられていると論じました。レヴィナスの考えと歓待《ホスピタリティ》の文化に依拠しながら、フランスの哲学者ジャック・デリダは、「異人」への無制限の歓待という倫理を提唱しました。歓待というデリダ的なモデルは、ヨーロッパの難民危機に呼応して形成された、様々に即席でできた歓迎センターだけでなく、思いもよらないいくつもの場所に共鳴しています。たとえばシティ・プラザ——2016年4月から2019年7月までスクワット[5]された、アテネの中心にあるホテル——では、活動家と住人たちは、自分たちのプロジェクトはそこに住んでいる400人の人々を「ケアする」だけではない、それ以上のものだと主張しました。むしろそれは、「オルタナティヴな家

［5］　使用されていない建物や土地を、法的権利がないままに占拠すること。大戦後の住宅不足から貧困者が始めた行動が、1960年代以降、反貧困、反人種差別などを掲げる様々なコミュニティを巻き込んだ政治的・文化的な運動へと展開していく。

族」としばしば描写され、シティ・プラザを主にシリア難民（だけでなく、エリトリア人、ガーナ人、イラン人、ソマリア人も含んだ）の流動的な集まりと、その他の多くのヨーロッパ人の「連帯者たち」の「家」とすることをめざしていました。

ケアに満ちた親族という考えを、おそらくその限界にまで拡張するならば、軍医が戦地で傷ついた敵の戦闘員をケアすることにまで及びます。ある意味では、「私たちと同じような人々」を殺そうとしている人々にも目を向けることほど、私たちのケアをめぐる想像力に対する大いなる挑戦はないでしょう。とはいえ、ケアという実践は、国際法をはじめ、ヒポクラテスの誓い[6]と呼ばれる医療倫理において大切にされており、多くの主な宗教の倫理的な枠組みによって支えられています。このことから、現存のケア実践のなかに複数性を見出し、今日浸透しているような委縮《いしゅく》した形態を超えてもっと広範な意味においてケアを考えるためには、主流から遠く離れたところを探そうとしなくてもよいことがわかります。

それでは、「人間ではないもの」——動物や環境——とつながる親族

［6］ 医学の父と呼ばれるヒポクラテスが示した、医者として守るべき倫理。第二次世界大戦時におこなわれた人体実験・残虐行為を反省し、医療における人道的目標の基礎として、時代に応じて見なおされつつも、世界医師会が採択する宣言等において参照されることとなる。

については、どうでしょうか。歴史家であるニック・エスタスは、スタンディング・ロック[7]をめぐる政治に関するその著書のなかで、この問題を扱っています。そこでかれは、ネイティヴ・アメリカンの親族の捉え方には、「人間を超える」幅広い知が存在していると論じています。親族は、血縁や家族とのつながりだけでなく、私たちが生活するために頼っている土地や水や動物たちにまで広がっているのです。スタンディング・ロックでは、その水の保護者たちにとって、ダコタ・パイプラインへの抵抗はまさに、自分たちの親戚であるミニショシェイ（ミズーリ川）を守ることにほかなりませんでした。さらに、ダコタ族にとって親族とは、プロセスでもあります。つまり、「親族になるとは、ひとびとと知り合いになって関係をもつことである」と[5]。こうした親族の捉え方は、人間と人間ではない親戚、そして地球との公正な関係性を育むことを核心に据えた、先住民たちの信念から生まれています。こうした関係性は、最も親密な親族から地球大の規模にまで広がるケアの政治を展開するための基礎となるものです。

［7］　合衆国ノースダコタ州で採掘された原油を、イリノイ州へと運ぶためのパイプライン建設に対して、ノースダコタ州にあるスタンディング・ロック居住地に住む先住民スー族が反対運動を展開し、バーニー・サンダースら多くの活動家もその運動を支持した。パイプラインが彼女たち・かれらの生活を支えるミズーリ川の下を通過するためである。２０１６年に、環境調査が十分におこなわれていないとして、パイプライン工事を承認した陸軍工兵司令部を提訴。２０２０年7月には連邦裁判所は、先住民の訴えを支持し、パイプラインの運営を一時停止する判決を下している。

5　Nick Estes, *Our History Is the Future*, Verso (2019), p. 256.

乱交的なケア[8]

　ここまで、親族規模でのケアを詳しく調べてきました。というのも、現在の仕組みでは、それはあまりにしばしば、不適切で頼りにならず、かつ不正だからです。もしケアを、より良い社会と世界の基盤としようとするならば、私たちは、ラディカルに平等主義的な方向へと現代のケアに関する階層を組み替える必要があります。人間と人間ではないものすべての間でのあらゆるケアの形態は、そのニーズに従って、持続性を保つために、平等に評価され、承認され、資源を与えられなければなりません。これは、私たちが乱交的なケアの倫理と呼ぶものにほかなりません。

　乱交的なケアという倫理が基づいているのは、1980年代・90年代のエイズ活動家の理論であり、特に、研究者で、アクト・アップの活動

[8]　1980年代に世界を襲ったエイズ危機の際、ゲイ男性のライフスタイルの結果としてエイズが蔓延したという言説が広がると、当事者のなかからも、一夫一婦制のような異性愛者たちの「道徳的なライフスタイル」を見習うべきという声があがった。それに対して、以下で言及されるダグラス・クリンプは、性交のあり方・実践を多様化してきたのはゲイ・レズビアンであり、そのなかでセーフ・セックスを「発明した」と主張する。クリンプによれば、「ゲイ・ピープルはセーフ・セックスを発見した。乱交に代わる形態——単婚制や禁欲——が安全ではないことは誰にでもわかっていた。たとえば後者の場合、人は完全に性生活を断念することはできないし、「ノーと言え」というだけでは、セーフ・セックスにはならないからだ。ゲイ・ピー

家でもあったダグラス・クリンプの論文、「エイズの時代にいかに乱交を続けるか」です。この論文は、メディアだけでなく、ゲイのリーダーたちによっても広げられた考え、すなわち、エイズ流行の元凶はゲイ男性の性的乱交にあるといった考えに対する一つの応答でした。クリンプは、ストーンウォール[9]以降の性文化であるいわゆる乱交が、エイズ流行のなかで意味することとは、ゲイ男性はその「実験的な」性実践を「複数化」しているということであり、その実践は、ＨＩＶ感染の最も一般的な原因の一つであった挿入性交を超えるものであると反論しました。かれによれば、「私たちの乱交は、実際にそれこそが私たちを救うにもかかわらず」、ゲイのリーダーのなかには、「それが私たちを滅ぼすと主張する」者がいました。[6] ここでクリンプは、乱交という概念を、「行きずり」とか「無頓着《むとんちゃく》」の意味で使っているのではありません。そうではなく、それは、ゲイ男性が互いに親密さを表し、ケアする、複数化された実験的な方法を意味しています。こうした実験的な親密性は、究極的にはセーファー・セックス・イニシアティヴのための基礎として貢献し、

プルはエイズが蔓延する以前から、セックスは挿入だけに限られるものではないことを知っていたから、セーフ・セックスを発見することができたのだ」（後掲「エイズの時代にいかに乱交を続けるか」邦訳88〜89ページ）。

[9] ニューヨーク・マンハッタンにあったゲイバーの名。ＬＧＢＴＱ当事者たちは、日常的に警察官による干渉や暴力を受けていたが、１９６９年に警察官がストーンウォールに踏み込み捜査をした際、警察官に対して立ち向かい、その後の抵抗運動の火つけ役となった。現在6月末に世界中でおこなわれるゲイ・パレードは、ストーンウォールでの反乱を記念したパレードである。

6 Douglas Crimp, 'How to Have

アクト・アップといった運動組織によって展開され、数知れない人々の命を救いつづけたのでした。

同様の精神で私たちもまた、乱交的にケアしなければなりません。乱交的なケアを称賛《しょうさん》することによって、私たちは、行き当たりばったりに、あるいは無頓着にケアすることを意味しているのではありません。行き当たりばったりも無頓着も両方とも、実は孤立化したままの新自由主義的で資本主義的なケアであり、悲惨な帰結をもたらします。私たちにとって、乱交的なケアとは、最も親密な者から最も遠い者まで、ケアする関係を再定義するよう外に向かって拡散する倫理なのです。それは、もっと多くのケアを、現在の水準からすれば実験的で拡張的な方法で、実践することを意味しています。私たちは、ケアに関するニーズ提供のあまりに多くを、あまりに長い間、「市場」と「家族」に頼ってきてしまいました。私たちにいま必要なのは、ケアについての、もっと包容力のある考え方なのです。

「乱交的な」ということはまた、「無差別の」を意味し、私たちは、ケ

Promiscuity in an Epidemic,' *October* 43 (1987): 253. 竹村和子訳「エイズの時代にいかに乱交を続けるか」田崎英明編『エイズなんてこわくない――ゲイ/エイズ・アクティヴィズムとはなにか?』(河出書房新社、1993年) 所収、89ページ。

アするときは差別してはならないと論じたいと思います。「オルタナティヴな」ケア提供の実践が、歴史的にどのような形でおこなわれてきたかといったことに基づいて、私たちはさらにいっそう、自分たちのケアをめぐる想像力を広げていかなければなりません。つまり、誰もが潜在的に誰かを配慮し、誰かに関心を向け、そして誰かと共にケアすることができるのだと。こうしたことを認めることができるならば、ケアに満ちた国家は、ケアする者とケアされる者の双方に、法的、社会的、そして文化的な承認と、彼女たち・かれらに必要な資源を与えるでしょう。翻って、それは、他者――遠くであれ、近くであれ――への志向性、すなわちケアする志向性を育成する私たちの能力を高めてくれるでしょう。ここでもちろん、資源の問題は重要です。そこで別の視点から乱交的なケアを見てみましょう。もし、ケアに対する新自由主義的な費用削減と掘り崩しが、偏執的で排他的な――「私たち自身」だけの面倒をみる――ケアに関する想像力を引き起こしてきたのだとすれば、それに対して、十分な資源、時間、そして労働力があれば、人々は安心して、自分たちの親族と同じだけ、見知らぬ者たち《ストレンジャーズ》を配慮し、彼女たち・かれらに関心を向け、そして共にケアするようになるでしょう。

　もちろん、乱交的なケアは、私たちが見知らぬ者たちをほんの一時だけケアし、あるいは、ほんの一時だけ私たちがケアされるといったことを意味しているのではありません。しかしながら、ケアが、私たちと幅広い親族的なつながりのある人々によっても担われうるということを、乱交的ケアという考えは認めています。時にケアは、見知らぬ者たちによってこそ、最もよく担われることもあり、実際に、見知らぬ者によってしか担えないケアもあります。Covid-19のパンデミックの間に突如現れた、相互扶助のグループを見てみましょう。衰《おとろ》え孤立化した人々に、自分自身の感染という危険をおかしてまで必要な財や医療を運んでくれた見知らぬ人々の匿名のケアがなければ、いったい彼女たちはどうなってしまったでしょうか。当然、［イギリス］保守党政権のこの10年の緊縮財政によって、国民保健サーヴィスがここまで骨抜きにされていなければ、国家は、自主的に組織されたヴォランティアたちに頼ることなく、こうしたケアを提供できたかもしれません。あるいはおそらく、もっとケアする国家であれば、こうした自主的に組織されたヴォランティアたちに、資金を出し、支援する機能がそもそも備わっていたかもしれません。私たちの構想では、あらゆるケア労働は、適切に資源を与えられ、民主的に組織されるべきであり、見知らぬ者たちの無償の労働に任せるべきものではありません。そして、当然、見知らぬ者へのケア、あるいは見知らぬ者によって担われるケアに、適切な資源が与えられることによって、その見知らぬ者はもっと近しくなり、乱交的なケアからなる絆が強まることになるでしょう。

乱交的なケアはまた、次のことを認識していなければなりません。歴史、文化、そして習慣が、親によるケアを含む、ある特定のケア形態を、他のケアよりもおこないやすくしていること、また、次章以降で論じられるように、時間、資源、そしてより広範な基盤が、そうしたケアを支えるために国家やコミュニティによって提供されるべきことです。しかし、変わらないものなどありません。母親が子どもの面倒をみられない、少なくとも、様々に異なる理由で、適切にはケアできないことはよくあることです。そして、乱交的なケアという考えは、子どもと母親の双方（というのも、母親もまたケアを受け取る必要があるのですから）にとって利用可能な種類のケアを増やすことになるでしょう。乱交的なケアは、すべての女性が、母親になれるかどうかに関わりなく、母親になりたいわけではないことも認識しています。そして、自分の子ではない子どもをケアする、コミュニティをケアする、環境をケアするといったすべては、等しく価値ある務めであり、十分に資源を与えられ、しっかりと評価されなければならないということも。さらに、乱交的なケアは、移民や難民へのケアは、私たちの文化において意義あることと認められている自分たち自身へのケアと同等の重要性をもつべきだと論じますし、合衆国の国境で家族と強制的に引き離され、収容センターに送られる子どもたちの運命を、自分たちの親族のように気づかうよう私たちに迫ります。またこの考え方によって、母親だけ、女性だけでなく、私たちすべてにケアする能力が備わっていること、そして、私たちがケアしケアされ、そして共にケアしあうとき、私たちすべての生が改善されることがわかります。どのような人も、そしてもちろん、人間ではないものもすべてに、このことが当てはまります。

乱交的なケアを鼓舞することは、親族のレヴェルにおいて、より広い形のケアを承認し、そこに資源を与えるのに十分な、包容力と機敏性をもった制度を整えることを意味します。しかし、乱交的なケアはまた、社会生活のあらゆる領域、すなわち、単に自分たちの家族に留まらず、コミュニティ、市場、国家、そして、人間の生と人間ではないものたちの生をも含んだ国境を越えたつながりにも浸透すべきです。こうした意味で、それは、序章で触れた「ユニヴァーサル・ケア」という考えにもつながっています。そこで次章では、いかにユニヴァーサルで乱交的なケアが、コミュニティのレヴェルで実現されうるかについて考えてみましょう。

第3章　ケアに満ちたコミュニティ

過去20～30年を通じて、私たちの多くは、組織化された孤独を加速化するような社会制度のなかで生きることを経験してきました。私たちは、過度に個人化された、競争的な主体であると感じ、そうした主体として行為するよう励まされ、何よりも自分自身に注意を払わされてきました。しかし、本当に人間らしく成長するために私たちには、ケアに満ちたコミュニティが必要です。必要なのは、私たちが開花できるための、地域に根ざした環境です。そこでは、互いを支えることができ、帰属のためのネットワークが生み出されます。つまり、私たちの能力を支えると同時に、相互依存性を育むようなコミュニティを創造するために、協力して活動できるような諸条件が必要なのです。

こうしたことが、ケアをめぐる課題が、家族や親族といったとても近しい関係性からなる親密性のみに結びついているわけではない理由です。その課題は、私たちが住んだり立ち寄ったりしている、地域のコミュニティ、近隣地区、図書館、学校、公園、あるいは、社会的なネットワーク、そして自分たちが帰属している集団といった、様々な環境のなかでも具体的な問題になります。

とはいえ、私たちの生をよりよく、幸せに、そして場合によっては、生きること自体を可能にしてくれるようなケアに満ちたコミュニティを、どのように創造していけばいいのでしょうか。ケアするコミュニティを創造するためには、どのような社会基盤が必要なのでしょうか。

本章では、ケアに満ちたコミュニティの創造には、特徴的な4つの核があると論じていきます。それらは、相互支援、公的な空間、共有された資源、そしてローカルな民主主義です。第一に、ケア提供とケアの受け取りに基づくコミュニティによって、その構成員たちに、近所づきあいから、たとえば、コロナウイルスの相互扶助グループまで、幅広い相互支援が与えられます。第2章ですでに見てきたように、そうした支援の形は、自発的で下から上へと広がっていくことが多いのですが、それと同時に、長期間活動を存続させるためには、構造的な支援を必要としています。第二に、ケアに満ちたコミュニティには、公的な空間が必要です。その空間は、誰もが共有しており、共同で維持され、私的な利益に左右されません[1]。共有の公的空間を拡張することは、あらゆるものを私有化しようとする新自由主義の衝動を反転させることを意味します。第三に、ケアに満ちたコミュニティは、人々の間で資源を分かちあうことを第一に考えます。少数の者たちによる資源の独占ではなく、あるいは、一回きりの使い捨てとしてすぐに廃《すた》れることを予定されているモノでもなく、道具などの物質的な資源や、オンライン情報のような「非物質的」な資源が共有されます。第四に、ケアに満ちたコミュニティは民主主義的です。それは、ラディカルなミュニシパリズム［1］と協同組合を通

1　Massimo de Angelis, *Omnia Sunt Communia*, Zed Books (2017).

［1］　地方分権よりもさらに自治を打ち出し、かつ資本主義による公共性の解体に強い抵抗を示す革新的な市政。本書で注目されるバルセロナをはじめ、ナポリ（イタリア）、グルノーブル（フランス）など、中央政府と異なる政策を打ち出し、旧左翼政党とも距離を置く、新しい市民の連帯政治のあり方。ケアワークにも配慮した市民による直接政治をめざし、新自由主義に対抗して公共サーヴィスを再公営化し（本書では「インソーシング」と呼ばれる）、かつ排外主義に走る極右政党に対するオルタナティヴを志向している。

じて、地域に根ざした関与とガヴァナンスを拡大させなければならず、現在のような私有化を伴うアウトソーシングに代えて、ケア実践と福祉活動の拡張と「インソーシング」[2]を通じて、公的なセクターを再建しなければなりません。こうした特徴がいかに活かされ、実際に機能していくかを、過去と現在のいくつかの実例を参照しながら、以下に見ていきましょう。ケアに満ちたコミュニティは、こうした4つの特徴に基づいて強化され、増幅され、多様化される必要があります。そして、4つの特徴は合わさり、コミュニティ・レヴェルでの「共有の社会基盤」と私たちが呼ぶものを形成します。

相互支援

ケア提供とケアの受け取りに基づくコミュニティは、様々な形の相互支援を各人に提供します。これは、よき隣人になる、近くに住む者たち

[2] 一度私企業に外部委託してしまった事業を再度、公共事業に組み入れること。たとえば、日本にも関わる事例でいえば、ヨーロッパで顕著に見られる水道事業の再公営化が挙げられる。

を気づかうといった考えのなかに見ることができます。病気に伏せる人の様子を見に行ったり、ちょっとしたお使いをしてあげたり、合鍵を預かったり、植物に水をやりペットに餌をあげたりなど、いずれにせよ、「隣人性」は、地域に根づいた、相互のコミュニティ・ケアの、力強い、広く実践されている非公式なあり方です。Ｃｏｖｉｄ-19パンデミックの間に発展したヨーロッパやその他の地域における地元の相互扶助グループは、いかに隣人どうしの支援ネットワークが、私たちが「乱交的なケア」と呼んできたものを提供するために拡張されうるのかについての、卓抜《たくばつ》した事例でありつづけています。[2] 直近の親族ネットワークを超える支援の形を提供することにより、より広範囲の人々をケアしていくことは、最良の形でのケアに満ちたコミュニティの一つです。

同時に、地域に根づいた、隣人たちによって担われる相互支援の形態は、コミュニティがより平等になる、すなわち、不平等と不正が減じるのを助ける可能性をもっています。たとえば、西洋世界で１９７０年代に女性解放運動がつくりだした、非公式の共同での子育てグループの多

2　Pirate Care を参照せよ。syllabus.pirate.care/.

くによって、女性たちは子育て以外のことに時間を使えるようになり、男性たちと共に公的領域において、より多くの役割を果たすことが可能になりました。[3]

地域に根づいた相互実践のこうした形態を、より広範に、そして首尾一貫したレヴェルで拡張するには、より強化された、構造的な支援が必要です。再度くりかえすならば、子育てはよい一例で、1970年代に生まれた非公式な託児所の多くは、永続的なデイケア・センターに成長しました。相互扶助が拡張され、公式のものとなったその他の貴重な事例は、コミュニティにおける協同組合、すなわち供給物を集団的に所有し、自分たちの資産を共有する取り組みに見られます。それらには、様々な時期に、広範な国々で、居住から食品まで異なる規模の複数の実践形態があります。たとえば、19世紀半ばのイギリス北部での、ロッチデール先駆者協同組合と呼ばれた小売商人たちの集まりでは、産業革命期に、そうしないと手に入らなかった製品を原価で売ることを互いに誓いあいました。今日では、合衆国やその他の国々に見られる協同信用組

3 'Municipalism and Feminism Then and Now: Hilary Wainwright Talks to Jo Littler', *Soundings* 74 (2020): 10–25.

合に、その影響を見ることができるでしょう。そこでは、富める者ではなく、自分たちのコミュニティを利するのであれば、人々はより容易に貯蓄も借金もできます。こうした試みには、スペインのバスク地方のモンドラゴン組合連合が含まれますが、それは1950年代に、フランコ将軍のファシスト政権に対する集団的対応として生まれたものでした。もう一つ歴史的な事例を挙げるならば、［イギリスの］ウェールズ地方のコミュニティを通じて、すべての構成員に医療ケアを提供するために財政的資源を集めたトレデガー労働者医療扶助会があります。これは、後にその規模が大幅に拡大され、イギリス国民保健サーヴィスのモデルとなりました。協同組合といった形態の強みと歴史的な支持の高さは、しばしば控えめにしか評価を受けませんが、コミュニティにおける相互支援の、有力で貴重な事例であり、私たちが後ほど見るように、ケアに満ちた経済を構築する際の好例です。

したがって、ケアに満ちたコミュニティは、相互支援の多様な形態を推進していく必要があります。それらの実践のなかには、非公式なままに留まらざるをえないものもあるでしょう。とはいえ、社会的な平等主義、生の可能性、公衆衛生に直接的な影響を与える実践には、構造的な支援、とりわけ地方自治体と国家政府からの支援が必要です。さらに、ケア実践のそうした相互形態が真に開花し拡張するための諸条件を創造するために、公的な空間がコミュニティには必要です。

ケアする空間

公的な空間は、ケアに満ちたコミュニティをつくりだすために不可欠です。というのも、公的な空間は、平等主義的で、すべての人がアクセス可能であり、共に生きる喜び、相互のつながり、そして共同的な生の出現を助けることができます。私たちは、もっと多くの公的な空間を創造し、取り戻し、要求しなければなりません。

1981年から1986年までの間、大ロンドン都（GLC）の存在は、いかに地方議会が、経済、社会、そして文化的なイニシアティヴにとっての共有された空間を提供できるかを明らかにした模範でした。民主的な文化生活を拡張し、活気づけようとするその試みは、ラディカリズムにおいて名高いもので、伝統的にイギリスの芸術政策のなかで周辺化されてきた人々（女性、有色の人々、ゲイ、障がいをもった人々）を優先し、そうした人々によるイベントを大衆化するのに成功しました。ロイヤル・オペラハウスのような伝統的に「ハイカルチャー」とされる場所への補助金を削り、その代わりに、コミュニティ芸術にお金を使いました。そのイニシアティヴは、大規模で無料の音楽祭を支援することから、地域の芸術センター、コミュニティ・ラジオ、そして『スペア・リブ』[3]のようなフェミニスト雑誌や、サウソール・ブラック・シスターズ[4]のような組織に補助金を出すことまで、幅広いものでした。こうして、ＧＬＣの政策は、ロンドンじゅうの知的、文化的活動を民主化することを助けていました。[4]

重要なことは、ＧＬＣがその広大な土地をさらに開放したことで、そ

［3］　１９７２年に創刊され、93年まで公刊されていた、女性解放運動から生まれたフェミニスト雑誌。女性に対するステレオタイプや、女性たちの搾取に異議を唱え、女性たちが直面する障壁に対してどのような解決策があるのかを考えようとした。

［4］　１９７９年にロンドン西部にあるサウソールでの人種差別反対デモの際に、参加者の一人がメトロポリタン警察の特別警備隊に殺害されたことを契機に設立された、主に移民、難民、マイノリティの暴力被害者の救援組織。

4　'The GLC Story', glcstory.co.uk.

れによって、公的な共有地《コモンズ》が拡大しました。それまでは、つまりGLCが、サウスバンク・センターのなかで最も重要な建築物であるロイヤル・フェスティヴァル・ホールに「無料休憩所」を新たに設けるまでは、ロンドンの巨大なアート・コンプレックスであるサウスバンク・センターは、上流階級と中流階級のための、排他的でお金のかかる場所でした。これによって、チケットをもっていようがいまいが誰でも、そのなかに入って、くつろぐことができるようになりました。今日においてもそれは、イギリスの首都のなかで、図書館、教会、そして美術館と並んで、ほとんどお金を支払わずにすむ数少ない、屋根のある公的な場所の一つとなっています。この政策は、多くの人々にとって、特に若い子どもづれの人たちにとっての安息所を提供しつづけています。[5]このように「公的な場所づくり」を取り戻し、拡張することは、ケアするコミュニティを建設することを可能にしてくれます。

同様に、建築物や環境上の社会基盤についてもまた、共有が優先される必要があります。空間の再編成は、細分化ではなく、真の集合的な論

5 Kathy Williams, 'A Missing Municipalist Legacy: The GLC and the Changing Cultural Politics of the Southbank Centre', *Soundings* 74 (2020): 26–39.

理を育てることを促すでしょうし、その過程で私たちの健康や環境を改善することになります。公的に所有された公園は、保護と拡張を必要としていて、地域のコミュニティが野菜などを育て、人々が自然に触れ、体を動かし、日々「他者」と出会える空間を提供できる、そうした場所をも含まなければなりません。その出会いは、人間との出会いだけに限りません。緑地は、しばしば個々の庭に切り分けられてしまいますが、完全に柵《さく》で区切られた、全面的に封鎖されたような庭は、野生の生命の動きを止めてしまいます。すべてであれ、部分的であれ、共有の庭園が存在することによって、私たちは、共有の散歩道や「遊歩道」を経由して、そこを通り抜けるだけでなく、社交的にもなります。そうした庭園は、もっと多くのコミュニティ・ケアを養い、あらゆるレヴェルでの共にある生活を育てるでしょう。

こうした相互連関は、建築環境についてもいえます。私たちは、つながりあえるケアや社会基盤の共有といった形態を促進してくれるような、想像力あふれる建築家や都市計画者に加え、協同的な住宅、集合住宅、そして家賃制限を可能にしてくれる政策を必要としています。それは、車や道路よりも、緑地や公共交通を優先し、共に所有し分けあう共有財といった考え方に基づき、ケアに満ちたコミュニティを育てるような資源を創造することを意味します。言葉を換えると、「街に対する権利」が必要なのです。これは、郊外や田舎に対する権利といったスローガンとともに広く使用されるスローガンであり、街をどこにでも、あらゆる人のために、共に創造していく空間として取り戻そうとするものです。

こうして、コミュニティが開花するためには、屋内と屋外、オンラインとオフラインにわたる幅広い公的ゾーンが必要です。それらには、公園、コミュニティセンター、図書館、ギャラリー、スイミング・プールといった、より一般的に健康とレクリエーションを提供するための施設に加え、ケア・ホーム、協同住宅、若者のためのクラブ、病院、学校、保育園など、特別なニーズをもった人たちのための空間も含まれます。ケアすることができるコミュニティを創造することはすなわち、私的な資本の利益のために計画されたり、それに乗っ取られたりする空間ではなく、公的な、共同で保有される、分かちあいと協同の空間を増殖させることなのです。それは、私たちが呼ぶところの社会基盤の共有をつくりだすことです。社会基盤の共有には、相互支援と公的なコミュニティ空間が含まれています。それはさらに、コミュニティの資源を共有することにも関わっています。

物事を共有する

地域の図書館は、商品化されていない地域空間と資源共有の最も強力な事例の一つでありつづけています。図書館が存在することによって、私たちは広く読書することが可能になりますし、図書館はコミュニティの中心《ハブ》としても機能し、インターネットのアクセスや、学んだり交流したりできるような会合のための空間を提供しています。重要なことは、本は共有されうるのですから、図書館は、個々のモノを複数買う必要がなく、大量消費に加担することのない場所だということです。物質的資源であれ、非物質的な資源であれ、共有するということは、環境的な持続可能性とコミュニティにおける協働の双方へと通じる道の一つです。しかし、現にいま晒されているような激烈な削減とは反対に、こうした施設が効果的に機能し、持続可能であり、拡張していくためには、時間、支えとなる社会基盤、そして支援が必要です。[6] 図書館は、21世紀にとっての、実験的なコミュニティ空間になりえますし、地域のコミュニティに独創的な活動や資源を提供することができます。しかしそれだけでなく、図書館には、資金を与えられたスタッフと実際の書籍が要ります。すなわち、私たちには、コミュニティの空間と共有された資源の両方が必要なのです。

地域の図書館という、コミュニティにおける強力なモデルは、大切にされるだけでなく、発展させていかなければなりません。さらに私たちは、書籍を超えて、もっと多くの「モノのライブラリー」や、再利用や再循環のさらなる形態を展開させることもできます。切迫する環境破壊

6 Kirsten Forkert, *Austerity as Public Mood*, Rowman and Littlefield (2017), pp. 107–25.

の時代には、電動ドリルや、高価な子どものおもちゃ、あるいは、ワッフル・メーカーといった年に2〜3回しか使用しないような製品を人々が購入するのは、不愉快なほどに無駄なことです。廃れるものを計画的に生み出す、破滅的な資本主義のシステムを拒否し、コミュニティのなかでモノを共有することは可能です。その結果、私たちは、二酸化炭素の排出を抑え、お金を節約し、生き物だけでなく、無生物であるモノにも配慮する能力を発展させるでしょう。

いくつかの「モノのライブラリー」はすでに存在しています。たとえば［ギリシャの］アテネには、スコロスという反消費主義のコレクティヴがあり、以前は小売店であった建物を借りながら、10年以上にもわたって、基本的にはヴォランティアですべてを運営しています。そして、誰でも、服、書籍、おもちゃ、台所用品やその他の物品を借りたり、譲ったり、そして／あるいは、それらをもらったりできますし、それだけでなく、無料で様々な日曜大工のワークショップに参加できます。[7] 合衆国では、オハイオ州中部のリビルディング・トゥギャザーや、シアトルの

7　Timothy Garton Ash, 'What kind of post-corona world do we Europeans want?', *openDemocracy*, 11 May 2020. を参照せよ。

フィニー・ネイバーフッド・アソシエーションなどの道具ライブラリーといった、１９７０年代にまで遡《さかのぼ》ることのできる、いくつかの成功を収めた道具ライブラリーがあります。また、オレゴン州には借用できる台所用品の倉庫があります。［イギリスの］ロンドンの様々な近隣地区では、おもちゃライブラリーや、ガーデニングの道具やポップコーン・メーカーからガゼボ［東屋《あずまや》］まで様々な道具を貸し出す地域施設、さらには可動式の「共有物置」などの事例があります。今日では、「モノのライブラリー」に対する新たな関心の波があり、贈与バザー、衣類交換（あるいは「古着交換」）、無料での交換会、ソーシャル・メディア上の交換サイト、オルタナティヴな流通システム、再利用のためのワークショップなど、地域コミュニティの驚くほどの資源の豊富さと想像力を示しています。こうした試みは、その場しのぎの個別の解決策ではなく、コミュニティの一部として根づき、新しい日常となる必要があります。

　私たちはまた、非物質的な資源を共有し、技能や知識を集合化させることもできます。その一つの方法として、「時間銀行」の創造的な活用があります。この銀行によって、活動や仕事をするのに費やした時間を相互に交換したり、地域の活動クラブや日曜大工のワークショップといった豊かな伝統とともに、技能共有のセッションを通じて人々は時間を交換することができます。物理的な資源を共有することができるのと同じように、オンライン上の資源にも平等にアクセスできる必要があります。それは、共同で所有されるデジタル・インフラを通じて維持されなければならず、プラットフォーム資本主義ではなく、プラットフォーム協同主義となるでしょう。[8]コロナウイルス危機によって痛々しいほど明らかになったように——そして、［イギリス］労働党がその２０１９年の宣言で提案したように——、ブロードバンドは、不可欠《エッセンシャル》なサーヴィスとして数えられ、集合的に所有されるべきです。資源の共有は、共に働き、共に在ることを促します。平等なアクセスがないならば、人は排除され孤立してしまうでしょう。共有するためにはコミュニティが必要であることははっきりしている一方で、おそらくそれほど明白でないことですが、共有することは翻って、コミュニティを創造することを助けてくれ

8　Nick Srnicek, *Platform Capitalism*, Polity (2016).

るのです。

ケアに満ちたコミュニティは、民主的なコミュニティである

したがって、相互支援、公的空間、資源の共有、そしてコミュニティ生活の間には、深い相互連関があります。こうしたすべての領域を再強化していくことによって、民主主義の地域に根ざした形は、可能になると同時に、より目に見えて重要になっていきます。しかし、どのようにしてこれらを向上させていけばよいのでしょうか。

この2〜3年を振り返って、参考になる一つの事例は、北西イングランドにあるプレストン市議会が、地域主義に訴え労働者の協同組合に働きかけることで、いかに予算削減に対処したかという事例です[9]。市議会は、その公共セクターの優先順位を、何百マイルも離れた企業との契約にお金を支払うことから、地域の供給者や労働者たちによって所有・運

9 Aditya Chakrabortty, 'In 2011 Preston hit rock bottom. Then it took back control', *Guardian*, 31 January 2018, theguardian.com/commentisfree.

営されている協同組合に投資することへと切り替えました。大きな成功を収めたプレストン・モデルは、［合衆国の］オハイオ州におけるクリーヴランド・モデルに倣《なら》っており、そこでは州が、地域の協同組合の能力を高めようと積極的な取り組みをしました。ベビー・ブーム世代の多くの事業主たちが引退することになるときに、クリーヴランド・モデルは、従業員がその既存の会社を買い取るよう、一定の訓練と財政支援の提供を通じて促進しました。[10] こうした集団的なプロジェクトによって、地域の労働者はエンパワーされ、彼女たち・かれらのコミュニティで起きていることへの発言権を得ることになります。民主的な所有権とガヴァナンスのためだけでなく、コミュニティの富を築き、生産に対する統制力をつけるためのこうした構造的な支援は、コミュニティへのケアとコミュニティによるケアを含むものでなければなりません。

クリーヴランド・モデルとプレストン・モデルはともに、合衆国のコーポレーション・ジャクソン[5]や［スペインの］バルセロナ・コモンズ（Barcelona en Comú）[6]のように、「新しいミュニシパリズム」とか「リミ

10　Via the Evergreen Fund for Employee Ownership. democracycollaborative.org. を参照せよ。

［5］　ミシシッピ州にある、協同組合の一つ。コミュニティの発展、経済民主主義、コミュニティでの経営体の所有を目的に、メンバーを募っている。地域労働者の協同組合連合、協同組合の育成、教育・訓練センター、そして組合銀行の4つから構成されている。

［6］　経済危機下での住民の住居強制退去などと闘い市民の社会的権利を拡大するために結成した市民連合。2015年の地方選挙でバルセロナ・コモンズとして候補者を擁立。草の根の選挙運動で第一党となった。反貧困、住居の権利の活動家アダ・コラウが市長となった。

ュニシパリズム」と呼ばれてきたものの事例です。ミュニシパリズムとは、ある地域、町や市による自治の実践です。それぞれの形態には政治的な複雑さが避けられませんが、新しいミュニシパリズムの重要な特徴は、地域から遠く離れた多国籍企業を養うために公的なお金を吸い上げるような新自由主義的なシステムと手を切ろうとしていることです。[11]

新しいミュニシパリズムは、グローバルな資本主義的な商品の連鎖が生む搾取と対抗するために、地域での「コミュニティの富の建設」を進めます。そうした試みはまた、キア・ミルバーンとバーティー・ラッセルが「公共とコモンズのパートナーシップ」と表現したものを可能にし、協同組合的な諸制度は、その組織のなかで決定的な役割を果たすことになる公的サーヴィスや地域の市民と連携します。[12] ハンガリーのオルバーン・ヴィクトル〔首相〕が体現しているような権威主義的で右翼的な行動とは異なる、左派的で協同的な形態において、ミュニシパリズムはコミュニティが民主的にケアできる方向性を示しています。これこそが、エマ・ダウリングが「ミュニシパル・ケア」と呼ぶものであり、その対

11　Óskar García Agustín, 'New Municipalism as Space for solidarity', *Soundings* 74 (2020): 54–67.

12　Keir Milburn and Bertie Russell, 'What Can an Institution Do? Towards Public-Common Partnerships and a New Common-sense', *Renewal* 26 (4) (2018): 45–55.

極にあるのが、いわゆる情け深い資本主義[7]によって巧みにつくられた一時的な「ケア・フィックス」[8]です。[13]

ミュニシパルでの民主的なケアの重要な側面の一つは、それがもつインソーシングという考え方から生まれてきます。すなわち、かつての公的な供給［で、外部委託されてしまったもの］が、「［公的な］組織のなかへ」戻ってくるのです。仕事が公的なセクターに戻ってくれば、労働者は安定した職を手に入れ、生活できる賃金と年金、さらには、疾病《しっぺい》手当や有給休暇を得ることになります。インソーシングは、したがって、労働者への配慮という一つの行為であり、それだけでなく、労働者にもっとケアできる立場を与えます。民営化／私事化されたケア・ホーム制度では、ベヴァリー・スケッグスの言葉に見られるように、「国家がＡＴＭ機械のように扱われる」[9]一方で、労働者もクライアントも苦しみ、その失敗はコロナウイルスの危機によってさらに明らかになりました。何千もの人々がケア・ホームで亡くなり、スタッフは不十分にしか、あるいは全く防御装備がなくその場に留めおかれ、そして何より悲劇的なことに、

［7］　企業が、その活動が与える環境や労働者への負の影響を自覚し、その負担に対する対価を支払うべきだとする資本主義の一形態。

［8］　ケアをめぐる危機を免れようとする試みであるが、危機を解決することではなく、単にその危機を別の場所に移行させることで、むしろ、社会的再生産のコストを免れようとする資本主義の構造を永続化してしまうような対処法。利益追求と倫理的な意図を調和させようと、「意識的」「共感的」「慈善的」といったケアに満ちたような名を冠する、たとえばウェルビーイング産業の興隆を指している。

13　Emma Dowling, 'Confronting Capital's Care Fix: Care Through the Lens of Democracy,' *Equality, Diver-*

多くの高齢者が、パンデミックの初期の段階でほとんど見捨てられ、コロナウイルスによるその死は記録さえされませんでした。ケア・ホームは、非営利で、可能ならば自治体によって営まれる必要があります。その好事例の一つは、公的セクターに取り戻されたカナダのブリティッシュ・コロンビア州におけるケア・ホームです。あるいは、オランダのビュートゾルフ社会ケア協同組合は、クライアントのニーズに応じて活動しており、利用者にも従業員にもきわめて高く評価されており、さらには、利益よりもケアの質とニーズを優先することによって、国の健康管理システムにかかる費用の40%を節約しました[14]。

そのような地方自治体のプロジェクトは、コミュニティ・レヴェルにおけるケアの、根本的に民主的な社会的生態系を創造しています。ケアを本当に生み出すことのできる制度形態とそのネットワークは、私的な利益ではなく、供給の社会的なあり方に基づいており、そこでは計画と生産の段階に利用者が加わります。必要な社会基盤を共有し、その地域性とサーヴィスの質を計画する際に、より大きな役割をコミュニティに

sity and Inclusion: An International Journal 37(4) (2018): 332–46.

［9］ロンドン・スクール・オブ・エコノミクスの社会学部教授。主著 *Formations of Class and Gender*（1997年）は、若い労働者階級の女性がいかに日々の傷つきやすさを経験しているかに注目することで、階級とジェンダー不平等との交差性に光を当て、その後ジェンダーと階級の関係性を議論するうえで最も影響を与えた一冊。

14 Matthew Lawrence, Andrew Pendleton and Sara Mahmoud, *Co-operatives Unleashed: Doubling the Size of the UK's Co-operative Sector*, New Economics Foundation (2018), p. 20.

果たさせ、国家と地方レヴェルの関係性を、協調的な意思決定（あるいは「共同生産」）を深めるようにつくりかえていくことが、ケアする能力のあるコミュニティを創造する際の鍵を握っています。同様に重要なのは、その過程でまた別のことがおこなわれているということです。すなわち、そうしたプロセスは、民主主義をも深めているのです。

共同でケアすること

ここまで論じてきたように、私たちが見ている地域のコミュニティは、互いに栄えようとする願いのうえに建設される必要があります。すなわち、公的な空間に資源を費やし、有益な共同の資源を構築することを通じて相互扶助を促し、どのようにコミュニティが運営されるかについての決定に有効に関与する能力を育てることによって、コミュニティ自体がエンパワーされる必要があります。民主的な関与の可能性は、地方自治体であれ、政治組織であれ、公的サーヴィス、学校、組合組織や近隣の集会であれ、空間や区域の境界を越えて、広げられる必要があります。このテーマについては、また後ほど触れることにします。

当然のことですが、コミュニティは美化されたりもします。私たちは、コミュニティにおいて「ケアがない」ありとあらゆる事例を考えることもできます。その名に値しない「ケア・ホーム」から、相互疑心やスケープゴートを生み出す否定的な形での連帯まで、ケアという理念は、むしろ統制や反動的な課題を押しつけるためにも利用されるかもしれません。はっきりしておかなければならないのは、新自由主義によって大きく開かれたケア実践のギャップを埋めるために人々の隙間《すきま》時間を利用することを、「ケアに満ちたコミュニティ」は決して意図していないということです。むしろそれは、新自由主義を終わらせ、人々のケアする能力を高めることを意味しています。真に民主的であるためには、企業による悪用を終わらせ、協同組合を育て、アウトソーシングをインソーシングへと置き換えるようなミュニシパル・ケアの形態が必要となるでしょう。そして、どんどんと細分化され、貧困化され、危機や分断に晒されていくコミュニティへの企業支配に代えて、協同的なコミュニティを創造することができるでしょう。すなわち、共同で生み出されるコミュニティで私たちは、互いにつながり、熟議や論議をし、喜びを見出し、開花し、そして複雑に絡みあう私たち相互の依存のただなかで、互いのニーズを支えあうことが可能になります。

第4章　ケアに満ちた国家

何らかの形のユニヴァーサル・ケアを創出しようとする場合、国家にはその結果を左右するほどの重要性があります。このとき、国家は、企業が誘導する経済成長のパターンに結びついている利害が支配するような場であることから脱却する必要があります。なぜなら、こうした経済成長の追求の仕方は、私たちの社会に埋め込まれている民族的ナショナリズムを含む、悪化しつつある不平等に日常的に基礎づけられているからです。その代わりに、国家にとって第一の、そして最も重要である責任は、持続可能なケアの社会基盤を国家内に構築し、維持することであるはずです。このことは、大半の国民国家にとっては、現行の政策の優先順位を一新することを意味しています。

ケアに満ちた国家とは、帰属するということの意味が、民族的な文化に根ざしたアイデンティティと国家の安全保障の名のもとに防衛される人種化された国境ではなく、私たちは共に相互依存しているという認識に基礎づけられる国家です。そこでは私たちの基本的なニーズがすべて提供されることが保障されていて、また、環境が健全に保たれ、参加民主主義はあらゆるレヴェルにおいて深化していきます。ケアに満ちた国家は、それが領域内のすべての人間と人間以外の生き物を育むかぎりにおいて成功しているといえます。人間の攻撃性や支配関係、そして自然もしくは人為的な災害を完全に撲滅《ぼくめつ》した国家は存在していませんが、ケアに満ちた国家は、そこに住む人々の大多数が生き残るだけではなく、いきいきと生活し、繁栄できる生存条件を提供するものです。

何よりもまず、ケアに満ちた国家は、領域内の人間と人間以外の生き物すべてが健康で、幸福な生活を送ることができるように尽力《じんりょく》し、その潜在能力と持続可能性を育む仕組みすべてに必要な資源を提供しなければなりません。そして、このためにも、私たちは現行の国境の内部で帰属性と市民権が運用されているやり方を転換する必要があります。合衆国のような多くの国々にとって、こうしたことは、先住民の人々の苦闘から学ぶことを意味しています。カナダの「リープ・マニフェスト」[1]に賛同して私たちは、問題が虐殺であったのか、あるいは奴隷制や財産の剝奪であったのかにかかわらず、過去に非道な行為があったことを認知するだけではなく、そうした行為に対して何らかの償《つぐな》いを伴う決着がなされることが必要であると訴えます。こうしたやり方は必然的に、脱植民地化と、過去に窃取《せっしゅ》された土地と命を取り戻すプロセスが開始されることを求めるものです。それはまた、帝国主義と不平等の歴史が、公的な知的遺産の空間と教育機関においてどのように語られてきたのかを、再評価することも意味しています。過去に向きあうこと、そしてケアを顧みない国民国家によって最も周辺化され、冒涜《ぼうとく》され、否定されてきた人々のニーズを優先することによってのみ、私たちはより公正な未来へ

［1］　２０１５年にカナダの活動家や研究者を中心に提案された、気候危機を終結させるための宣言。リープ（leap）とは「飛躍」「跳躍」といった意味があり、社会の全体的な変革なしに、気候危機は克服できないといった意味が込められている。同年６月にトロントで開催された会議から生まれた本宣言については、ナオミ・クライン『地球が燃えている』第９章「「リープ」がめざす飛躍」に詳しい。

と向かって進み、これまでとは全く違ったやり方で他者やこの世界そのものと関係する方法を培《つちか》うことができるようになるでしょう。

以上をまとめると、私たちの奥深い相互依存性と傷つきやすさの認知に基礎づけられたケアの社会基盤を、国家は緊急に構築する必要があります。そして、私たちすべてがお互いに繁栄していくための物質的、社会的、文化的条件を整備しなければなりません。しかし、こうしたことは実現可能でしょうか。私たちの答えとしては、それは実現可能です。ただ、そのように議論するためには、従来のケインズ主義福祉国家について再考することが求められます。

福祉国家とその不満

時々、私たちは、いわゆるベビー・ブームの時代に生まれた年長世代に対する憤りを耳にすることがあります。「幸運な世代」ともいわれるこの世代は、拡大傾向にあった戦後の福祉国家から大いに恩恵を受けました。福祉国家は、合衆国におけるニューディール政策[2]と、ウィリアム・ベヴァリッジ[3]が1942年の報告書のなかでおこなった約束を引き継ぐ形で整備され、「ゆりかごから墓場まで」[4]あらゆる者に対してケアを提供し、支援しました。ケインズ主義経済学に影響され、特に、市場はそれ自身を規制することにおいて信頼に値しないという警告をふまえて、新しい戦後のコンセンサスは、社会サーヴィスと国家資源の大規模な拡張への広範な支持を生み出しました。こうした発展があったのは、戦争の結果、ヨーロッパの多くの政府がほぼ破産状態にあったときでした。この時代、グローバル・ノースの多くの国々においては、国家は自国の市民の幸福で健康な生活を促進し、社会基盤を整えることに責任をもつと理解されていました。人種化された主体と植民地主義の現実（とその後の遺産）との関連で問題は存在していたものの、国家はあらゆる者に適切な水準の生活を保障するために尽力しました。1950年代までには、たとえば、イギリス経済の20％が公有化されており、これには運

［2］　1933年、合衆国大統領フランクリン・ローズヴェルトによって、世界経済危機対策として導入された政策プログラムのこと。実施された政策は多岐にわたっており、よく知られた公共事業による雇用の創出だけではなく、預金保険制度の整備や金融規制、公的年金制度の導入などがおこなわれ、戦後の社会保障制度の基盤となった。

［3］　第二次世界大戦の間、戦時の挙国一致内閣で労働相を務めていたアーネスト・ベヴィン（労働党）によって福祉局を任された後、政府内の複数の委員会の議長に任命された。そうした委員会からの成果の一つが1942年の『社会保険と関連サーヴィス』報告書、俗にいうベヴァリッジ報告書である。その提言は戦後、労働党政権によって実行され、イギリスの福祉国家制

輸やエネルギー、その他の主要産業といった、生活に欠かせないサーヴィスが含まれていました。1979年までにはイギリスの人口の約半数は公営住宅に住んでおり、最も裕福な集団と最も貧しい集団の格差は歴史的に最低の水準にありました。

類似の政策は西欧諸国のほとんどで進められ、そうした政治過程は、累進的な課税制度の、現在よりも高い税率によって支えられていました。イギリスでは、社会政策論の先駆者であるリチャード・ティトマス[5]が、権利として理解される普遍的な社会的給付は、市民全員が国家に対して同じだけの利害をもつことを確証するという点において重要であると主張しました。かれはまた、過度な不平等は「道徳的に間違っているだけではなく、健全な社会を蝕《むしば》むもの」であると考えていました。イギリスの精神分析家であるD・W・ウィニコット[6]は、多くの人が聴いていたラジオの番組において、人間の依存性を強調し、子どものために「生活環境を保つこと」が重要であると主張しました。こうした考え方は、母親を支援し、適切な住環境と福祉サーヴィスを提供するということにおい

度として整備された。

[4]　イギリスの経済学者、ジョン・メイナード・ケインズを創始者とする、有効需要の原理に基礎づけられた経済理論のこと。ケインズは、古典派自由主義経済学とは異なり、総需要の大きさによって生産・雇用の水準が定まると議論し、したがって、政策を通じて需要量を調整することによって、完全雇用を達成し経済を安定化し、成長を持続化できると主張した。

[5]　イギリスの社会政策学者。ロンドン・スクール・オブ・エコノミクスで長年、教鞭を取った。社会政策学の創始者とみなされている。社会学者でフェミニストであるアン・オークリーはティトマスの娘にあたる。

て、ケアする福祉国家が大きな意義をもつという考え方につながっていきました。[1]

ケインズ主義福祉国家を再考する

ケアをめぐって組織化される国家は、１９４５年以後に成立した当初の福祉国家の約束の多くを採用する必要があります。同時に、戦後初期の本来的に性差別的で、人種差別的、そして階層的な前提と態度を除去するための努力をし、また、今日に至るまで明白に存在している反移民の外国人差別に対抗することが必要です。ケアに満ちた国家は、経済的利益をあげることよりも、ケアを提供することを重視することから常に始まり、ケアという行為それ自体を高度に崇高な目的として支持するものです。

ケアに満ちた国家という私たちの構想では、一人ひとりの命にはそれ

［6］　イギリスの小児科医・精神科医。発達精神医学の領域で、大きな影響力をもった。

1　Sally Alexander, 'Primary maternal preoccupation: D. W. Winnicott and social democracy in mid-twentieth century Britain,' in Sally Alexander and Barbara Taylor (eds), *History and Psyche: Culture, Psychoanalysis and the Past*, Palgrave Macmillan (2012).

固有の価値が存在すると理解され、国家への帰属は人種化された、あるいは従属化された他者との差別化を通じて、かれらに対抗するように定められるものではありません。ケアする国家は、生まれたばかりの時期から老齢期までの人生のあらゆる段階において、必要な場合は基本的に無料で、質が高く、柔軟なケアを保障するものです。こうした国家は、手頃な価格の住居と、すべての者によって共有される公的で文化的な空間を提供し、保障します。それはまた、質の高い学校制度や職業訓練、大学教育、そして医療制度が備わったものでもあります。ケアに満ちた国家は、その組織的基盤と日々の運営が、多様なスキルと能力によって支えられていることを認識します。

教育と職業訓練は、ケアとケアする実践を強調し、一人ひとりのケアするためのスキルを磨く能力を養成することが必要です。そこでは、学習することは、人生と自分をめぐる世界をより豊かにするために、従来からの方法を洗練させることだけではなく、新しい方法を見つけることであると主張されなければなりません。この場合、学習する内容が科学であるか、人文学であるか、あるいは木工技術であるか料理であるかといったことは関係ありません。実際、ケアに満ちた国家は、適切な教育と、人々が集団として繁栄するために必要な条件を整えることで、人生の初期の段階から、その構成員すべてのケアする能力を醸成《じょうせい》します。こうした試みは、１９７０年代にフェミニストがコミュニティをベースとした保育所を設立したことに先駆的な例を見出せるだけでなく、すでに触れたように、障がい者の権利運動に従事する活動家や、精神保健制度やカウンセリング等の利用者たちが長年、関心を向けてきた問題でした。ケアに関わることとケアすることの実践が、国家を組織する際の中心原理として位置づけられるようになれば、メンタルヘルスの問題は徐々に減少していくことになるでしょう。私たちが生きている時代の悲惨さの大部分は、新自由主義の影響力が拡大したこと、ギグ・エコノミー、そして99％の人々の間に経済的不安の感覚が高まったことと分かちがたく結びついています。ケアに従事する国家は、拡大しつつあるメンタルヘルスの危機に対して、絆創膏を貼るような不十分なものではなく、実質的な解決策を生み出すでしょう。私たちには急進的な、システム全体の転換が必要です。

私たちが相互に依存する存在であることを考慮して、ケアに満ちた国家のすべての市民は、生涯にわたって意義深く価値ある生を生きる者として認知される必要があります。したがって、文化的な規範の転換は、私たち全員が本来的に依存する存在であると国家が公に認めることを伴うものであり、これにより、自律性と依存性は同じ現象の異なる側面であると理解されるようになります。

こうした方向で福祉国家について大幅に再考していくことで、私たちは、伝統的な家庭内のジェンダーによる役割分担を乗り越えることになります。なぜなら、ケアすることの必要性とケアされることの必要性が両方とも、私たち全員によって共有されるようになるからです。こうしたことから、福祉国家について再考することは、公的供給がどのように構想され、分配されるのか再考することをも意味しています。ケアに満ちた国家は絶対に、父権主義的であったり、人種差別主義的、あるいは植民地への入植者が牛耳るような国家であったりしてはなりません。ケアに満ちた国家の公的供給は、依存を深める方向へ展開するものではなく、障がい学が「戦略的自律と自立」と呼んできたものをあらゆる人々が育むようになり、また、国家と多様なコミュニティの内部で、あるいはそれらの間で、新しい関係性が生まれることが可能となる条件をつくりだすものです。そして、ここで念頭に置かれている新しい関係性とは、人々が繁栄し民主主義的実践に参加するために必要なものを受け取っている状態に基礎づけられています。

言い換えれば、国家は、コミュニティとケアに満ちた市場が繁栄するために必要なサーヴィスと資源が円滑に提供されるよう管理するのみならず、民主的参加が縮小せず拡大することを促進することに責任を負わなければなりません。ケアに満ちた国家は、階層的に構成されたトップダウンの決定がおこなわれる組織であってはならず、また、規律性、強制性を帯びた組織でもありません。それはダヴィーナ・クーパーが「現在と未来についての創造性を備えた、水平的で、エコロジカルな配慮」

と呼ぶものを促進します。[2] ケアに満ちた国家は必然的に、刑事司法ではなく社会正義の領域で機能し、民営化された監獄システムではなく、お互いを支えあうコミュニティを建設する、奴隷解放に尽力したフェミニズムの経験から学びます。それはまた、市民集会などの参加民主主義のプロセスを通じて市民たちに監督される開放的な制度と資源を提供することで、「共同使用と共同空間」を独創的な仕方で促します。このように、ケアに満ちた国家は、乱交的なケアが実施され、ケアに満ちたコミュニティが繁栄するために、必要な資源を保障する国家です。

民主的に統制され、社会的な資金によって賄《まかな》われる公的サーヴィスのほうが、利益を追求する、商業化されたサーヴィスよりも高い満足度をもたらすことについては、豊富な証拠が存在しています。[3] そうした公的サーヴィスは、不平等を著しく削減し、その過程でつくりだされる緊張が何であれ、より広範な連帯と支援を保障します。したがって、ケアに満ちた国家は、そうした緊張や不合意、相反する感情が表出することを可能にする国家でもあります。なぜなら、それらが表面化することは、

2　Davina Cooper, *Feeling Like a State: Desire, Denial, and the Recasting of Authority*, Duke University Press (2019), p. 4.

3　Anna Coote and Andrew Percy, *The Case for Universal Basic Services*, Polity (2020).

熟議と人々の間の協働を促すからです。このことが意味するのは、十分な資源を備え、したがって日々のケアの相互行為から派生する緊張の少なくとも一部に何とか対処することを可能にする、最適な制度や規範、そしてコミュニティを育てていくということです。したがって、国家のケア・サーヴィスの提供は、その実施の仕方を転換することなくしては不十分な状態に留まります。

ケアを支える社会基盤はまた、有償労働に従事する時間を短縮し、家族的な環境であれ、その他の環境であれ、人々がケアをする自らの能力を拡張するために適切な時間と資源をもてるようにすることを伴うものです。直接手をかけるケアが最も良くおこなわれるためには、のんびりとした時間を過ごして、関係性が維持されていくことが重要であり、同時に、他者の状態をしっかりと見定めることにより、ケアを受ける人々が、主体的な行為能力とよき生活についての彼女たち・かれら自身の考え方がどのようなものであれ、それらを十分に活用し、発展させられるようにすることが必要です。こうした理由により、労働時間の短縮は――「週4日労働」を訴えるキャンペーンによって広められたように――私たちのケアする能力を向上させ、拡大させる条件を促進するための主要な鍵でもあるといえます。そして、こうしたことを通じて、ケアの提供やニーズにとって欠くことのできない一部として、民主的な熟議への相互的な参画が奨励されるようになります。[4] このように、ひとたびケアが優先されるべき課題として位置づけられると、私たちの変化しつつある依存性を認識して、それを満たす方法を発見することが、より簡単にできるようになります。そしてこのことは、他の人々にとっては当然である潜在能力に対する制御力を育成したり、獲得したりする必要のある人たちを支援することにもなります。

4 Autonomy and NEF, *The Shorter Working Week: A Radical and Pragmatic Proposal* (2019).

福祉国家からケアに満ちた国家へ

ケアと毎日の生活の社会基盤が崩れ、悲惨な出来事が起きつつある状況に直面して、ケアの政策や実践について考えなおす動きは、全国レヴェルでは珍しいですが、ミュニシパリティのレヴェルではすでに始められています。いくつかの行政区域では、雇用やサーヴィスのための、大なり小なりの協同組合主義的な草の根イニシアティヴへの支援が拡大しており、こうした例に当たるのが、すでに触れた合衆国のクリーヴランドでの先進的な試みや、より最近のイギリスにおけるプレストンの事例です。ホームレスになることが私たちの時代の喫緊《きっきん》の問題となっており、コミュニティでの住居提供プロジェクトへの助成が拡大してきています。また、ウェールズでは模範例といえる「社会サーヴィスと善き生法」が２０１４年に成立し、地方自治体に対して、コミュニティと利用者によって所有されるサーヴィスの育成の促進を特に義務化しました。こうしたケア提供の仕方は原則として、より官僚的ではなく、柔軟に対象を定めるサーヴィスと支援の展開を奨励するのみではなく、持続可能な資源の形成とケアの提供にとって欠かせない、連帯と行為遂行能力、コミュニティ、そして帰属というきわめて重要な感性を築くためにも役立つものです。私たちはこうした事例から学び、それを基盤とすることによって、さらなる発展をめざすことができます。ケアに満ちた国家はまさしく、これらの水平的なコミュニティを志向するプロジェクトを促進し、それらが十分な資源による裏づけをもって実施されることを支援します。こうした努力により、すべての人に手頃な価格で適切な住居をもつことが保障されるだけではなく、レヴェルや規模の異なる諸ガヴァナンス間の関係性が、必然的に相互に責任を負うものになるとともに――次の点は実際、決定的な重要性をもっているわけですが――継続的な議論と思索の対象となるでしょう。

必要とする場合には私たちはみな、公共の資源に平等にアクセスできる権利をもつという考え方によって、脆さや依存性に関する私たちの恐怖心が完全に除去されることはないでしょう。けれども、そうした恐怖心をやわらげ、人間性と相互依存への集合的な信念を醸成するためには、この考え方が唯一の方法となります。このことは、私たちの多様な存在の仕方や変化しつつあるニーズが何であれいえることであり、特に、その存在を否認し、あるいは軽んじることを促されてきた人々にとっては大きな意味があることです。こうした重要性の定め方を断固として主張することは、私たちが最も心にかける人たちが、私たち自身で支援を提供できない状況にあったとしても、常に何らかの支援を受けることができる、という安心を提供することになるでしょう。何よりも、ケアを優先することで私たちは、そこに生きるものすべてが尊重されることが可能であり、私たちが必要とする資源——それがエコロジカルなものであれ、製造されたものであれ、自己創出するものであれ——がつつがなく修復され、補充される世界に住んでいることを知るという大きな安心感を得ることができます。

そうした世界では、ジェンダー化された搾取や民族的・人種的搾取を伴う国家の父権主義の古い形式から、私たちは明らかに解放されるようになるでしょう。また、人がより行き来しやすい国境を設定することによって、私たちの社会に深く染み込んだ、近年高まりつつある民族的ナショナリズムに対抗し、他方で、社会のあらゆるレヴェルで民主的な実践が深化していくことになるでしょう。ケアに満ちた国家はしたがって、ゆりかごから墓場までのケアの社会基盤を構築し、発展させるだけではなく、すべての人に基本的ニーズを提供することを通じて、帰属や市民権、そして権利に関する新しい概念を生み出すものでもあります。最終的には、ケアに満ちた国家は、そこに住む住民すべてへの連帯の感覚に基礎づけられ、ジョアン・トロントが「ケアを共にすること」という用語を使って議論したこと、つまり、市民が他の市民だけではなく、民主主義そのものをケアするべきであると考えることを可能にする国家でもあります。

このように、帰属や市民権、そして諸権利はすべて、生まれた場所や、アイデンティティ、あるいは国家の領土に関する主張ではなく、ケアの原則に沿って整備されなければなりません。これにより、ケアへのコミットメントのみが、ケアに満ちた国家の領域内に住むために必要とされる忠誠の誓いとなるでしょう。富裕国においてケアワークの大部分をおこなってきた、あるいは現在でもおこなっているあまりにも多くの人々が、市民権を得ることを否定されてきました。このなかには、子ども時代に移民してきた人々も含まれています。こうした問題の事例としては、最近、イギリスで明らかになったウィンドラッシュ・スキャンダル[7]があります。このケースでは、子どもの頃からイギリスで生活してきた西インド諸島からの移民の人々が、内務省によって強行された「敵対的環境」政策[8]が実施されるなかで不法に勾留《こうりゅう》されたり、あるいは法的権利を否定されたりして、なかには強制送還されてしまった人もいました。これに対して、ケアする市民と市民権の新しい考え方は、ウィンドラッシュや他の過去の侵害行為を償《つぐな》うことにおいて役立つのみではなく、帰属することに関する私たちの現在と未来の考え方を全面的に変化させることにもなるでしょう。

こうしたことは、実現不可能な夢ではありません。帰属についての考え方がそうであったように、私たちはこの点でも、植民地への入植者や収奪的な資本主義に対抗する、先住民たちの闘争の歴史から多くを学ぶ必要があります。ダコタ・アクセス・パイプラインへの反対運動では、

[7]　移民船の名前であった「ウィンドラッシュ号」から取られている。

[8]　イギリス内務省によって2012年に導入された政策。永住権をもつ者以外は「自主的に」帰国するよう仕向けることで、イギリス国内の移民の削減を図ることを目的としていた。イギリスの歴史上、最も厳しい移民政策であると、国連などの国際機関のみではなく、政府外公共機関である平等と人権委員会（EHRC）からも批判された。

たとえば、北アメリカ大陸の先住民諸部族が、スタンディング・ロックに条約[9]に基づくキャンプを設置しました。合衆国政府による虐殺と一連の裏切り行為の悲惨な歴史にもかかわらず、キャンプは先住民族だけの排他的なものではありませんでした。水と母なる大地を守ることへのコミットメントを含む、キャンプの掲げる価値を遵守《じゅんしゅ》するかぎり、あらゆる人が歓迎されました。歴史家であるニック・エスタスが述べているように、条約に基づくキャンプには問題も存在していましたが、それはオルタナティヴな未来への構想を提示しました。キャンプでは、「無償の食料、教育、医療、法律相談、そしてコミュニティと安全・安心についての強固な感覚がすべての者に保障されていました[5]」。言い換えれば、キャンプは利益ではなく、ニーズを基準として設計されていました。それはケアすることを基礎として構築され、帰属することと、他者や世界と関係することについての、これまでとは全く異なる構想に価値を置いていました。

　ケアを支える社会基盤を創出し、十分な資源を提供することに加えて、

［9］　1868年に先住民諸部族と合衆国との間に結ばれたララミー砦条約のこと。第2条において、グレート・スー族居留地を設立し、先住民の人々による「絶対的で分割されない使用と占有」を保障することが定められている。

5　Estes, *Our History Is the Future*, p. 256.

過去のものだけではなく、現存する国家による暴力のすべてを拒否することによって、国家は転換されうるし、転換されなければなりません。このためには、歴史上、最も周辺化されてきた人々を優先し、ケアに関する多様な意味とその現れ方のすべてにおいて、国家に居住する人々全員が、ケアし、ケアされる権利をもつことが認識される必要があります。戦後の福祉国家の前提を複数採用しながらも、その伝統的な人種化された政策と厳格な階層性、性別と人種による役割分担を拒否することによって、私たちの革新的な国家の構想は、経済的問題および環境問題によって難民と移民が出現する条件を弱めることになるでしょう。実際、もし地球上のあらゆる国家を組織化する際の中心原理としてケアが採択されれば、経済的不平等と大量の移民は減少し、環境に対する不正義は、世界をケアすることへの相互的なコミットメントを通じて是正されることになります。したがって、最終的には、私たちのケアする想像力は、自分たちだけをケアすることから離れて、急進的なミュニシパリズムと国民国家に根ざしたコミュニティを形成する方向へと展開し、その到達点として、相互につながっている地球上で最も手が届かないところに存在している人たちをケアすることに思いを馳《は》せるようになるでしょう。

これまで述べてきたことを現実化するためには、必然的に、ケアを顧みない私たちの経済について再考し、そこに存在する問題に取り組む必要があります。

第5章　ケアに満ちた経済

ケアに満ちた経済があるとすれば、いったいどのようなものでしょうか。第一に、そして何よりも、それは、私たちが互いをケアしあうことを可能にしてくれるあらゆることとして、経済を想像しなおすことを意味するでしょう。それは、私たちのケアのニーズが多様であることを前面に出し、その多様性を迎え入れるでしょう。それだけでなく、そのニーズが満たされる方法も、ただ市場での交換だけでなく、世帯内、コミュニティ、国家、そして世界のなかで満たされるといった多様性をも喜んで受け入れるでしょう。すでにここまで論じてきたように、新自由主義的資本主義が、「自由市場」を極端に拡大し、人間の経済活動のあらゆる局面に押し入ってくることを止めなければなりません。

ケアに満ちた経済という私たちの構想はまた、マルクス主義的な経済学者のなかでも、次のような経済学者たちとは相容れません。つまり、市場の拡張という新自由主義の問題を修復しようとして、経済的なるものを市場での現象だけに限定しようと主張する人たちです。新自由主義とマルクス主義という2つの見方ともに、還元主義的な前提において誤っているといえます。私たちは、経済的なるものの本性と、それが及ぶ範囲を想像しなおし、ケアが真に組織の中心原理となり、「ユニヴァーサル・ケア」が根底的なモデルであるような社会のなかに、経済を埋め込まなければなりません。様々なオルタナティヴを提示する社会主義的でフェミニスト的な経済学者たちの仕事に従って、つまり、J・K・ギブソン＝グラハム、アン・ペティファー、ナンシー・フォーブレ、リーアン・アイスラー、ケイト・ラワース、そして、女性予算グループ[1]に所属する人々に倣って、私たちは、あらゆる経済活動——世帯から国家に

[1] The Women's Budget Group（WBG）は、社会政策や財政、経済、そして人権を中心に、イギリスの経済政策が与える影響をジェンダー視点から精査する政策集団。組織の目的は、ジェンダー平等を促進するケアに満ちた経済を実現することであり、800人以上のメンバーを抱え、オックスファムほか多くの組織から資金提供を受けている。

よる供給まで――を、社会のより幅広い理解のもとに置き、翻って、生命態の環境の一部として経済活動が理解されるような、これまでとは異なる経済の見方について論じていきます。

そのためにはまず、資本主義的市場の力とその範囲を制限し、様々な領域における私たちのケア活動が市場に取り込まれたり、市場から引き離されたりすることを命じるような、文化的、法的規範を書きなおす必要があります。第二に、デヴィッド・ハーヴェイが論じたように、消費者と生産者、ケアの受け手と与え手を、再び結びつけるために、「ヴェールを取り去り、市場の物神性を解明し」なければなりません。[1] そうすることで初めて、現在の資本主義市場に代わる、エコ社会主義的な市場を始動することができます。そして、ケアに満ちた交換の仕組みを、限りなくより民主的でより連帯的なものにしつつ、所有、生産、そして消費の様式が、地域、国家、そして究極的には国際的なレヴェルにわたって平等主義に基づくように取り組んでいくことができるようになるのです。

1　David Harvey, 'Between Space and Time: Reflections on the Geographical Imagination', *Annals of the Association of American Geographers* 80(3)(1990): 418-34. 堤研二訳「空間と時間の間で――地理学的想像力に関する省察」『空間・社会・地理思想』第2号54～78ページ（1997年）。

資本主義的市場――誰からの「自由」？

国家と社会の力から「自由」だとイデオロギー上は描かれてきたものの、実際、こうした典型的な自由市場は、存在したためしがありません。今日の資本主義的な自由市場とは、富裕階級による支配がその典型的なシステムで、アダム・スミスの有名な考え方であった「見えざる手」を通じた、社会的な福利の最大化のシステムとは異なっています。このような自由市場システムの浸透は、決して自然の結果ではありません。むしろ、国家政府と国際通貨基金（IMF）といったトランスナショナルな組織によって、積極的につくられたものです。ピノチェトのチリから[2]、2008年から09年にかけての金融危機に際してとられたギリシャでの破滅的な緊縮財政プログラムまで、そうだったのです。

ギリシャを襲った危機の場合は、極端なものでしたが、とはいえそれ

［2］ 1973年9月11日、社会主義政権であったアジェンデ大統領の人民連合政権を、合衆国ケネディ政権から軍事援助を受けてクーデターで倒したピノチェト陸軍総司令官は、その後、軍事政権を発足させ、新自由主義の旗振り役であったミルトン・フリードマンが提唱する民営化、自由貿易、福祉・医療・教育などの社会支出の削減と規制緩和といった経済政策への転換をおこなった。同時におこなわれた凄惨な左翼狩りとともに、惨事に便乗して資本主義を浸透させようとする「ショック・ドクトリン」として、ナオミ・クラインによって新自由主義のグローバル展開の始まりとして描かれた。ナオミ・クライン著、幾島幸子、村上由見子訳『ショック・ドクトリン――惨事便乗型資本主義の正体を暴く』（岩波書店、2011年）を参照。

はまさに絵に描いたような事例です。いわゆるトロイカ（国際通貨基金、欧州委員会、欧州中央銀行）によって新自由主義的経済改革の断行を強いられ、ギリシャはその国内総生産の30％以上を失うことになった一方で、その政府債務は5年間という短い間で、ほぼ2倍に近い１９０％にもなりました。それだけでなく、トロイカの新自由主義的な厳しい要求には、ギリシャの健康や教育に関わるインフラから、公的な水道やコミュニティのインフラまで、まさしくすべてのものを市場化、あるいは半市場化することが含まれていました。その結果、国は、ケアを支えるインフラとケア供給に関わるあらゆる質の未曾有の低下（その低下は、コロナウイルス危機へのその対応のなかで、痛々しいほど明らかになりました）を経験しました。たとえば、２０１０年から２０１２年までの間、数々の問題を露呈した経済指標に加え、自殺率とうつ病患者の率は、そのたった2年で35％も上昇しました。また薬物の使用によるＨＩＶ感染者数は、４００％にも上りました。実際、ギリシャが目の当たりにしたのは、国連の経済学者であるシャラ・ラザヴィなら「ケア・ダイヤモンド[3]」と描

［3］　社会のなかでおこなわれているケア労働を評価し理解する指標として、家族・世帯、市場、公共部門、そして非営利部門・コミュニティといった、ケアを提供する4つの部門の大きさや関係性を図式化し、その社会のケア供給の構造を明示する方法。ラザヴィについては、「政治、社会、経済からみたケアの国際比較——開発の視点から」『海外社会保障研究』（Spring, 2010), No. 170. を参照。

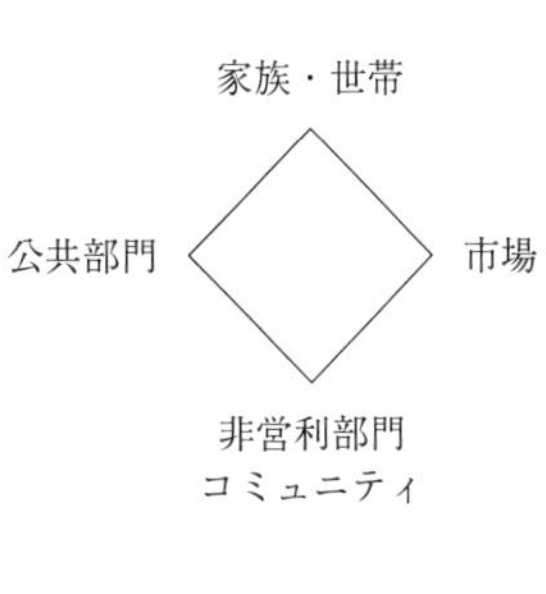

写するであろうものの、暴力的な、そして不意に襲われた形での、構造的な再配置でした。すなわち、世帯、コミュニティ、国家そして市場という4つの基本セクターにわたって、ケアの供給を社会全体で移行させたのです。今日では、ギリシャ内外で、市場の外に取り残されたものの価値は貶められ、ダイヤモンドのその他のセクターに任されるようになりました。つまり、ほとんどは家族へ、一部はコミュニティへ委ねられたのです。新自由主義的な市場は、個人の関与、感情的なつながり、コミットメント、共感あるいは注意深いいたわりなどを、金銭的な報酬のために契約されたものでないかぎり、価値評価しません——し、実際には評価できません。

しかし、ギリシャの事例がより生々しく明らかにしたのは、経済史家や人類学者たちが長きにわたり強調してきたこと、すなわち、「自由市場」という典型的なモデルを拡大しようとする新自由主義的な企《くわだ》ては決して完成をみないということでした。あらゆる市場システムは、常にそしてどこでも、社会の法、規制、政策、そして文化のなかに根ざしてきました。程度こそ異なりますが、「自由な」新自由主義的な市場は、常に、その市場が奉仕しているとされる人々による吟味を避けることができないからです。

したがって、ギリシャの足元で私たちが目にしたのは、連帯とオルタナティヴな経済ネットワークの急進的な広がりでした。それらは、経済危機の産物であると同時に、新自由主義の失敗によって放置された様々な格差を埋めようとする努力でもあったのです。市場化された関係は、ケアと相互性、相互依存性からなる自発的なネットワークへ道を譲りました。２０１１年から２０１４年までの間にギリシャでは、47の自己運営されたフードバンク、何百もの食料パックを毎週配布する21の連帯キッチン、流通している5千トンもの製品を仲介者なしに届ける45の配給ネットワーク、そして、約30の教育連帯イニシアティヴが出現しました。

重要なことは、こうしたオルタナティヴな交換システムは、トップダウンの統制ではなく、協力という水平的なモデルに依拠しており、限りなくよりケアに満ちたものとして経験されていたことです。決定は、毎週あるいは2週間おきの集まりにおいて、通常はコンセンサスによってなされました。組織のなかに階層はなく、いかなる利潤も商業活動も厳しく禁止されていました。この種のイニシアティヴは、単に、社会的にも環境的にもより公正な代替物を創造するだけのものではありません。それらは、無力感、社会的孤立、恐怖という圧倒的な感情に特徴づけられた新自由主義の暴力というつらい時代状況から、参加者たちをケアし、守るためのものでもありました。それらは、ケアに満ちた、集合的なコミュニティを培うことを手助けしました。アテネに根拠地のある、反消費コレクティヴであるスコロスが発行したリーフレットが、次のように述べています。「私たちは、自分たちが費やした力が失われることを決して嘆いたりしません。……連帯、社会支援、そして協力を信じているからです」

ケアの論理vs.市場の論理

経済学者のなかには、商品化されたケアというモデルは成功しうるし、ある環境において――たとえば、非人格的な、標準化された（清掃のような）仕事、あるいは、技術を介したケア（集団検診機器や、高齢者や障がい者のためのホーム・オートメーションなど）[4]――は、望ましいものでさえあると論じる者がいます。しかし、そのようなモデルは、ひどく不適切です。ケアと資本主義の市場論理は、相容れることなどないからです。

第一に、親密なケア労働は、個人的な関わりと情緒的な愛着をもって最も良く提供されるのであり、そうでないものはほとんどありません。したがって、直接手をかけるケア――あるいは、ジョアン・トロントのいう「配慮すること」――は、他のいかなる「モノ」あるいは商品とも異なっています。というのも、それは、ケアの与え手と受け手の双方に

［4］　元来、大規模工場などが、室内環境やセキュリティを自動化していた技法を、個人の住宅にも適用したもの。インターネットを使うスマートフォンなどと連動させて、家電や家具をコントロールする様々な商品が売り出されている。

とって「密着した」ものにほかならないからです。ケア関係にある者たちは、相互性、継続性、そして忍耐という支えのもとでのみ開花する関係性を取り結ぶからです。市場の論理には、こうした価値をつかまえたり、測ったりする語彙《ごい》もなければ、その能力もありません。フェミニスト経済学者のナンシー・フォーブレが論じたように、ケアがどのように編成されがちであるか、それ以上に、どのように編成されるべきかに目を向ける際、「見えざる手」ではなく、「見えざる心」[5]について考えるべきなのです。すなわち、ケアや共感のもつ諸力は、市場に媒介され個人化された自己利益の力よりも、常に優先されなければならないということが、しっかりと認識されるべきなのです。私たちのユニヴァーサル・ケア・モデルは、この経済的なパラドックスを解くための、重要な第一歩です。

第二に、市場はケアに対する責任やサーヴィスを、購買力に基づいて割り当てることしかできません。そこでは、高い資本力をもつ者たちが常に勝者です。「敗者」とは、市場にアクセスできたとしても、限定的

[5] フォーブレの著書 *The Invisible Heart: Economics and Family Values* (2001) のタイトルより。フェミニズムの視点からすれば、市場価格は自由市場においては自動的に決定されるという自由主義的な主張は、その社会において維持されている／強制されている家族の働きやその社会的価値を見過ごしている。フォーブレは、法的政治的に強制されたわけではないが、誰か――そのほとんどが女性――が、多くの場合無償、あるいは有償であったとしても低賃金のケアを担うことになる社会システムを批判する際、アダム・スミスの有名な言葉である「見えざる手」をもじり、そのシステムのあり方を「見えざる心」と呼ぶ。

なアクセスしかもたないすべての人々、とりわけ、ケアに関しても自分たちの親族関係やコミュニティ内部において限定的なアクセスしかもたない人々なのです。市場に媒介されたケア配分は、これまでの収入における不平等とケア不足を反映しているだけでなく、よりいっそう悪化させてしまいます。高収入がある者たちは、良質な教育から住宅環境まで、幅広いケアへのニーズを満たすことができ、「人的資本《ヒューマン・キャピタル》」として理解されるようになったものへの投資の好循環を手に入れます。また、自分自身をケアするための時間をもつことすら、今日では贅沢《ぜいたく》の一つの形態とみなされていて、その時間をもてるのは、現代の静養所、すなわち急増するセルフケア産業のウェルネス・センターに投資しても余裕のある者たちに限られるのです。物質的、社会的、そして環境上の資源への平等なアクセスは、ケアに満ちた経済の基礎になります。

第三に、市場の規範は、非市場的な価値を「締め出すこと」で悪名を馳せています。ケアを価値づけることは、ケアを市場化することと同じでないことは明白です。ケアを市場化することによって、私たちのケア

（できていない）生活のあらゆる領域において、自己利益と道具的な考え方[6]が前面に押し出されてしまいます。そうなれば、ケア労働の平等な配分が損なわれ、ケアの質が低下するのは避けられません。たとえば、ケア・ドットコムでの評価を高くしようとして、子どもの欲《ほっ》することは何でもするナニーを考えてみてください。あるいは、自分の日々の医業利益を増やすために、なるべく多くの患者を処置することに熱心な開業医はどうでしょうか。あるいは、高評価を得て昇進したいがために、学生に好成績をつける大学の講師など。市場の指標や企業の力に立ち向かい、抵抗し、さらにそれらを取り除くことによって初めて、ケアの価値は開花することができます。これこそが、ユニヴァーサル・ケア・モデルを主張するもう一つの理由です。こうして、需要と供給といった資本主義的な市場の原理に従うことなしに、ケア労働は高く評価され、ケアのための資源は平等に配分されるようになるでしょう。

［6］　あらゆる行為やモノ、人間関係でさえも、ある目的のための道具として捉える考え方。この考え方に囚われると、あらゆるものが、より上位にある目的のための手段として理解されるため、そのもの自体の価値が貶められる結果につながる。さらに、たとえば金銭や軍事力は本来的には、より上位にある幸福や平和といった価値のための手段にすぎないにもかかわらず、より多くの手段を得ることが自己目的化してしまうという反転が生じることもある。ケアには、こうした手段＝目的連関のなかでは捉えきれない、実践や感情、判断力が含まれている。

ケアの基盤の脱市場化

資本主義的な市場に特有の、こうしたケアのなさについて、いったい何をなすべきでしょうか。あるいは、そうした資本主義的な市場が、ケアに満ちた私たちの生のあらゆる領域に容赦なく侵入してくるのを、どううくい止めればよいでしょうか。私たちには、以下のような両面作戦が必要です。第一に、ケアに関わるあらゆるセクターや基盤を市場化するという、無謀で破壊的な動きを跳ねのけることは急務です。第二に、私たちは、資本主義的な市場に代わる、よりケアに満ち、公平で、エコ社会主義的[7]なオルタナティヴを構築しはじめる必要があります。

私たちのケアに関わる共有財と基盤を再社会化し、（アウトソーシングではなく）インソーシングすることは、よりケアに満ちた経済への道を拓くための鍵となる前提条件です。健康、教育、住居といった経済の主

［7］　第二次世界大戦以降、資本主義陣営も社会主義陣営も推し進めた「経済成長」によって、地球規模の環境破壊が深刻化したことに対抗する、ヨーロッパを中心に勃興する環境主義運動と、１９７０年代に活発化した女性運動や平和運動とが合流しながら、社会民主主義に影響を与えて登場する立場。マルクス『資本論』における、「必然の王国」と「自由の王国」論を援用し、自然と人間との物質代謝を市民たちの共同のなかで統御すべく、協同組合運動を推進する。

要なセクターは、あまりにも長い間、冷酷な市場化と民営化／私事化といった新自由主義の教義《ドグマ》に従わされてきました。コロナウイルス危機以上にこのことをはっきりと示すものは、おそらくないでしょう。たった2～3週間のあいだに、経済的に発展したほとんどすべての国では、その国の医療システムに対して巨大な投資を始め、公共善よりもビジネスの利益を危険なまでに優先してきた、公共と私企業のパートナーシップから遠ざかりはじめました。スペインをはじめとした国々では、それまで私営だったすべての病院とヘルスケア提供者を国営化しました。合衆国やイギリスを含む他の多くの国々でも、産業生産をマスクと人工呼吸器の増産に切り替えました。言い換えると、ケアと市場の論理との相容れなさが、露呈したのです。

しかしながら同時に――まさに、市場化された論理に深く根ざした本質のせいなのですが――、それは、市場の矛盾を変革させるには十分ではありませんでした。合衆国においては、医療用防御装備（PPE）や人工呼吸器の熾烈《しれつ》な国内市場が、生産コストを上昇させました。イギリスにおいては、政府が企業に協力を呼びかけることに失敗し、欧州連合（ＥＵ）とその公的セクターの資源を活用することもできなかったがために、前線でヘルスケアに携わる労働者たちに対する破滅的なケア不足に至りました。[2]

私たちは、ケアに関わる基盤を、そのあらゆる多様性と複雑さに配慮しながら、脱市場化する必要があります。とはいえ、財やサーヴィスが交換される何らかの市場は、資源の再配分において常に主要な役割を果たすことを認めるならば、私たちはまた、ケアに満ちた社会における市場のより幅広い持ち場について再考し、これまでにない形を描いてみる必要があるでしょう。ケイト・ラワースが提唱するように、市場は再-規制化される必要があり、あらゆる市場――資本主義のであれ、そうでない場合であれ――は、ある特定の法的、政治的、文化的規制の束のなかにすでに埋め込まれていると認められなければなりません。市場の役割を再設計するには、市場の配分機能から利益を得るのが、富裕層などではなく、人々と地球であることが確約されている必要があります。

2　Richard Horton, 'Offline: Covid-19 and the NHS — "A national scandal"', thelancet.com, 28 March 2020. を参照せよ。

市場の再-規制化と商品の脱物神化

市場の再-規制と、それによる再設計は、様々に異なる形をとることができます。協同組合、国営化、革新的なミュニシパリズム、地域化、インソーシング、公共とコモンズのパートナーシップなどが考えられるでしょう。それらはすべて、私たちの市場が、そして生産と消費の手段が集団化され、社会化されるだけでなく、民主化されることになる様々な方法です。こうしたあらゆる戦略や、あるいはその他の方法を通じて、消費者は生産者とつながり、ケアの受け手はケアの与え手とつながりなおされなければなりません。言葉を換えれば、私たちは市場を脱物神化する必要があります。すなわち、社会関係が商品の関係に、ケアの価値が交換価値に取って代わられている状態を、逆転させなければなりません。それは、サパティスタの生産者をギリシャの消費者と直接つなげたアテネの小さな仕組みから[8]、スペインにおいて国内総生産の約10%を占めるまでに大規模になった連帯経済の構造まで、様々なボトムアップのイニシアティヴにおいて、長く課題になってきたことです。

脱物神化の必要と、人間だけでなく人間以外のものの搾取からなる商品の長い連鎖に対する説明責任を高める必要性は、地球上の労働者たちの協同組合を支援してきたフェアトレードの実践など、より革新的な事例の目的でもありつづけてきました。しかし、フェアトレードは、それ自体と真っ向から対立する後退的で搾取的な資本主義経済のなかでの、隙間商品としても存続しえてしまいます。

それゆえ、脱物神化は、もっと厳しい、すべてを包摂できるような再‐規制化によって生み出される必要があります。現在の法律や規制は、新自由主義による活用を超えて、徹底的に拡張され、改善され、転換されなければなりません。たとえば、イギリスの現代奴隷法[9]やカリフォルニア州のサプライ・チェーン透明法は、新自由主義的市場の論理と徹底的に闘う出発点の一つではありますが、まだまだ十分ではありません。

［8］ 2008年の金融危機以後、ギリシャで起こった民主主義再生のための草の根市民運動の一つとして、メキシコ南部にあるチアパス州の先住民組織サパティスタとの連帯を示し、コーヒーなどサパティスタによる生産物の貿易を始めた取り組み。

［9］ 国際労働機関（ILO）の2016年の報告によれば、世界には4千万人もの人々が、強制労働や児童労働、人身売買の結果、現代的な奴隷状態に置かれている。2015年にイギリスでは、こうした現代奴隷制やそれに関わる危害を裁き、被害者を救出するための法を制定した。本法律の修正条項として、生産者から消費者に生産物が届くまでに複数の企業が関わる供給過程を監視し、労働者の人権、健康、安全面が侵害されていないかを精査する

というのも、それらの執行をNGOや「消費者」の善意に頼っているからです。そうすることで、こうした取り組みは、企業や政府の責任から目をそらさせる試みの一部として、より大きな責任を消費者に押しつけようと、企業と政府の双方がたくらんできた昔からの歴史のうえに成り立っています。一般の人々は、こうした組織的なケアのなさに対して、責任や罪を感じさせられるべきではありません。私たちは、個人主義的な消費者の選択ではなく、ケアに満ちた市民性というモデルを優先する必要があります。すなわち、ビジネスや政府の一部のアクターによって称揚《しょうよう》される、選択的な透明性ではなく、脱物神化を高め、広範囲に行きわたらせることを要求することを通じてのみ、私たちは、現在のシステムに固有の、救いがたいケアの失敗に向きあいはじめることができるのです。

ケアに満ちた、エコ社会主義的な市場であろうとすればまた、所有、生産、そして消費の様式についても取り組まなければなりません。あらゆる既存のオルタナティヴの数々（公的資源の国有化から、労働者の協同組合

サプライ・チェーンの透明化、奴隷労働を利用しないための取り組みを公に報告する義務も含まれている。

まで）に共通していることは、規制され、民主的に統治された市場の必要性であり、そうした市場は可能なかぎり平等主義的で、参加型で、環境的にも持続可能なものです。私たちの社会的、そして地球的な関心は、利益よりもまず優先されなければなりません。私たちに必要なのは、相互支援の協同的なネットワークに焦点を当てて、すべての人のケアのニーズに応じた、社会的、物質的な富の再分配を志すような、ケアに満ちた経済の編成です。しかしながら今日、そうした富は、これまで歴史的には存在しなかったような規模で、一部の資本家階級の間で、地球大で専有されてきました。

正しい方向へと進むための組織の一つが、協同組合です。すでに見たモンドラゴンという、世界最大級の、しかも最も成功を収めている、労働者たちが所有する複数の協同組合からなる連合体もそこに含まれます。モンドラゴンは、フランコ将軍のファシスト政権に対する反応のなかで1950年代に現れ、今日では7万4千人以上の労働者を雇っています。そして現在では、100以上もの労働者協同組合の構成体からなるネットワークをもち、労働者たちは、農業や小売業から、銀行や大学までをも含む広範なセクターで働いており、モンドラゴンは、スペインでは10本の指に入る大企業の一つなのです。地球大で見れば、ケア、労働者の尊重、民主主義、そして環境的に持続可能であることを特徴とする、市民が立ち上げたこうした協同組合の事例をもっとたくさん挙げることができます。ボトムアップ型の社会経済変革の種は、長い歴史をもち、多くの場所で芽吹いていています。こうしたことは、地球のあちこちで連帯経済活動家たちによって引用される——ダイノス・クリスティアーノポウロス[10]の1978年の詩から生まれた——有名なスローガンによってうまく捉えられるでしょう。「おまえは私を埋めてしまった、ありとあらゆる用意をして。けれどおまえは忘れていた、私が種《たね》であることを！」

最後に、市場は、可能なかぎりその地域に根ざしたものであるべきです。地域の市場は、生産者、商業者、消費者の関係性を育むのにより適しています。それは、地域のニーズに応えることができますし、場所やコミュニティの形成を刺激し、トランスナショナルな資本の利益に対す

[10] ギリシャ出身の詩人（1931—2020）。この対句は、1995年にフランス文学研究者のニコラス・コスティスに英訳されると、様々な抵抗運動のなかで引用されるようになった。

る盾となり、またそうした利益を、（ケアする）目的によりかなったものに変えることができます。そうした市場は、偏狭《へんきょう》な、あるいは父権主義的な論理に突き動かされるのではなく、むしろ、持続可能性や地域を超える連帯といったイデオロギーのなかに深く根をはりやすいのです。グリーン・ニューディール・グループの共同創始者であるコリン・ハインズ[11]が長く論じてきたように、地域経済の再生には、商業を人間らしいものへと変革し、グローバル・ノースとグローバル・サウスの双方で、労働者や環境権に対する組織的な酷使《こくし》に対抗する可能性があります。その可能性を実現するためには、市場の地域化は、連帯という革新的で国境を越えた文化の一部にならなければなりません。そして、私たちが先に論じはじめておいたように、環境危機が伝えていることは、特にグローバル・ノースにおいては、炭素を過度に消費する習慣が劇的に改められなければならないということです。

さらに付け加えると、現在の市場の境界線が、トランスナショナルな資本に対峙《たいじ》することを避けようとする国家政府のせいで、常に展開しつ

［11］　国際グリーンピースで10年間、主に原子力発電に対する反対活動をしてきた後、２００８年イギリスにて、グリーン・ニューディール・グループの共同創始者となる。かれらのグリーン・ニューディールとは、大恐慌時代に合衆国大統領ローズヴェルトが打ち出した、公共事業の創出や金融規制の強化、労働者の保護、社会保障の充実などで経済の一新を図ったニューディールに着想を得て、気候危機を防ぎ、金融経済の失敗を正すことを目的にしている。具体的には、経済活動のあらゆる分野における脱炭素をめざして再生可能エネルギー革命を起こし、グリーン産業を創出するとともに、金融経済による社会関係の破壊をくい止め、人々の生活の質を高め、かつ格差をなくすよう、幅広い福祉を充実させることをめざしている。

づけているのですから、その境界線を再想像し、引きなおしてみるという私たちの試みもまた、進化しなければなりません。そのためには、ケア提供を現在支配している、ヤミ《シャドー》経済[12]と脱規制化された金融市場の根絶に向けて取り組むことから、一歩が踏み出せるでしょう。ヤミ経済や脱規制化された金融市場は、説明責任をとらせられるどころか、理解されることさえほとんどないのです。アン・ペティファーがその著書『グリーン・ニューディールの提唱』において最近描写したように、ヤミ《シャドー》金融――あらゆる国家の規制を免《まぬが》れているオフショア金融企業[13]の活動――は、その額いまや185兆ドルにも上り、世界の国内総生産総額の約3倍にもなります。しかしこうした銀行もどきの存在は、一般的な納税者が支える公的な金融資産が安全であることに依存し、それゆえ生きながらえているのです。オフショア資本主義は、オンショアへと連れ戻してこなければならず、グローバル・エリートの利益ではなく、私たちの集合的な利益のために利用されなければなりません。[3]

アルゴリズム資本主義[14]の勃興《ぼっこう》やデジタル共有財の専有は、もはや私た

[12] 地下経済、アングラ経済とも呼ばれ、公式な統計には現れない、違法な経済活動。ケア提供に関していえば、外国ケアワーカーをめぐる人身売買や違法な労働条件の強要などが挙げられる。

[13] 非居住者に対して、金融規制や税制面で優遇する地域・国（タックス・ヘイヴン＝租税回避地と呼ばれるものを含む）で活動する企業。

3 たとえば、https://letschangetherules.org/policies-and-solutions/finance を参照せよ。

ちの理解を超えて進歩しつづけるデータ分析を通じて、私たちのケアする活動を監視し、ケアに関する革新的なモデルに対してさらなる課題を突きつけています。ビッグデータと人工知能はすでに、活発に私たちの（ケアする）生を形づくっており、それは、世論の操作から、ケアする（しない）よう「設計」されているデータ処理まで、様々な形で存在しています（たとえば、環境アセスメントやサプライ・チェーンの透明化を免れるスマート冷蔵庫など）。[4]

オフラインの共有財と同様に、オンラインあるいはデジタル共有財もまた、民主化され、公的・集団的に所有・運営される、ピア・トゥ・ピア（P2P）[15]生産を含む生産様式であるべきだと主張される必要があります。そこにはたとえば、ブロードバンドやその他のデジタル・インフラの国有化も含まれるべきです。同時に、「プラットフォーム協同組合主義」――フェイスブックやユーチューブ、ウーバーやエアビーアンドビーといった資本主義的な新機軸に対抗する提案の一つ――は、ケアに満ちた経済を創造するのに不可欠です。たとえば、フェアビーアンドビ

［14］　アルゴリズムとは、計算の手順・やり方のこと。アルゴリズム資本主義とは、膨大なデータと計算能力を駆使し、資本や消費を増大させるための最適な方法に従おうとする資本主義。

4　Carole Cadwalladr, 'Fresh Cambridge Analytica leak "shows global manipulation is out of control"', *Guardian*, 4 January 2020.

［15］　インターネットを介して、諸個人が協同して共有財を生産すること。ウィキペディアもその生産物の一つ。

ー[16]は、倫理的なホーム・シェアのためのサイトですが、持続可能プロジェクトのために、その地域のコミュニティに、利用者が支払う手数料の半額を返還するという目的をもち、エアビーアンドビーのビジネスモデルに直接挑んでいます。そのプラットフォームは、そこで働く、また利用する人たちだけでなく、そこが利用されることで影響を受ける人たちによっても共同所有され、共同運営されています。さらにいっそう革新的で、急進的なミュニシパリズムの原則に拠って立つバルセロナは、プラットフォーム協同組合、労働者組織、そしてコミュニティの連携を積極的に支援しています。そこには、市民によって統制されているデジタル・インフラを通じて集合化し民主的に統制するといった、協同組合的な解決方法を支援することが含まれています。[5]

こうしたあらゆる方法で、私たちの市場と経済はよりケアに満ちたものとなりえます。共有財を形成し育てること、そして生産と消費の領域を集団化することは、ケアすることが可能な、エコ社会主義的な経済を創造するための鍵となります。加えて、市場の脱物神化、再-規制化、

［16］　地域のイニシアティヴやプロジェクトに資金を提供しながら、支援することを目的とした、2016年に始まった民泊提供プラットフォーム。本部は、イタリアのボローニャに置かれている。

5　たとえば、decidim.barcelona.

そして地域化と、協同組合とインソーシングから、基幹サーヴィスの国有化まで、より民主的で社会化された平等主義的な所有形態も推進されなければなりません。同時に、私たちの経済の主要な領域を脱市場化し、私たちのケアの基盤の統制なき私有化や金融化に対抗する必要があります。とはいえ、よりケアに満ちた、エコ社会主義的な市場が創造されるのは、注意深く統制され、民主化された経済によってのみなのです。すなわち、人々や地球を犠牲にしてまで作動することのないシステムこそが鍵なのです。

第6章 世界へのケア

広がりゆく相互依存

よりケアに満ちた世界、すなわち、あらゆる生の形を維持し、養うことができる世界を、私たちはいかにしてつくりあげることができるでしょうか。

グローバルな領域においてケアが顧みられないという問題に取り組むということは、「相互依存の政治」、すなわち、私たちは相互につながりあった複雑な世界のうちに生きているという逃れることのできない事実に、私たちを立ち返らせることになります。これは、国境を越えて急速に蔓延したCovid—19のパンデミックによって、突如として破壊的な形で明らかになってきました。結局のところ、国家レヴェルでの——資本家の富を保護するか、あるいはヘルスケアワーカーに関心を向けるかといった——様々な国家の優先事項によって形づくられた異なる決定が、ウイルスのグローバルな広がりにも、私たち自身の生きる可能性にも影響を及ぼしてきました。同時に、グローバルなロックダウンによって逆説的にも、どうしたらより良い世界をつくりあげることができるのだろうかという可能性の片鱗《へんりん》を、突如として垣間見ることになりました。私たちは、国家間で設備を共有し、大気の質が改善され、地域的な相互扶助が実践され、そして労働時間が短縮されたのを、目撃してきました。私たちはまた、直接手をかけるケアやその他の形態のエッセンシャルワークの価値が、感謝とともに認められたことも目にしてきました。

要するにパンデミックは、私たちの生の網《あみ》の目を維持するのにきわめて重要な多くの本質的な機能に、劇的に、そして悲劇的に光を当てたのです。それはまさに、看護師や医師、配送業者、そしてごみ収集作業員の労働です。しかし、このパンデミックはまた、国境を越えた連携や協働がいかに、命に関わるほど重要であるのかもあらわにしてきました。

　破滅に陥る寸前から私たちの世界を取り戻すためには、あらゆる領域・段階・側面において、ケアが優先され、ケアが機能している必要があります。すなわち、親族関係からコミュニティに至るまで、そして国家から国境を越えた戦略――現在ではグローバル企業や金融資本の領域――に至るまでです。今日の私たちの世界がこれほどまでに荒廃している原因は、まさに不平等がグローバルに広がっているという現実にあります。このように、私たちのユニヴァーサル・ケアのモデルをグローバルなレヴェルにまで「拡大する」ためには、民主的なコスモポリタニズムを採用しながら、相互依存と資源の共有という原理に基づいた、国境を越えた機関や、グローバルなネットワークとの連携を発展させていく必要があります。

国境を越えた機関と、ケアのグローバルな価値評価

ケアする能力は国民国家によって形づくられますが、それを越えて広がりゆくこともあります。すなわち、その中心原理がケアやケアを担うことに基づいており、新自由主義の資本主義的論理ではなく、ケアの論理に沿って再形成されうるような、国境を越えた新しい機関や、政府間の組織や機構、そして政策をつくりあげるということです。

それゆえ、世界へのケアが意味するのは、国民国家どうしが一丸となってグリーン・ニューディールを展開させていくということです。過去数十年にわたり、これは労働、エネルギー、そして金融システムを改革する連結型政策を通じて気候危機に取り組む、多角的な社会正義の戦略として展開してきました。この着想の展開そのものが、国内のものでもあり、かつ国境を越えたものでもあります。それがイギリスにおいて

様々な政策表明のなかに現れたのが2000年代であり、特別な国際版が環境NGOの職員たちや労働組合員たち、そして経済学者らを含んだグループによって成文化されました。2010年代には、アレクサンドリア・オカシオ＝コルテス[1]とそのチームにより、合衆国においてその国内版が再燃しました。1

今日において、グリーン・ニューディールは国際的な左派の構想に決定的な役割を果たしています。というのも、それは地球規模の気候危機という悪夢に対処するための、人道的で、実行可能で、無理のない、達成可能な方法として正しく理解されているからです。そのプログラムの基礎となっているのは、エネルギーシステムの脱炭素化です。すなわち、化石燃料を地下から取り出すことをやめ、大規模な再生可能エネルギーに投資するというものです。グリーン・ニューディールは、仕事の仕方にも変化をもたらします。それは、再生可能エネルギーや自然保護、植樹、そして再自然化を格段に広げていくことを通じて、より多くの「緑の仕事」を創出すると同時に、排出物をより少なくし、自らのケアする

[1] 2018年に合衆国最年少の29歳で下院議員（民主党）に当選。サンダース派である彼女は、反緊縮の経済学に基づいたグリーン・ニューディール政策を牽引している。また、トランプやテッド・ヨーホー（共和党議員）らが自らに向けた侮辱的発言に対し、人種差別や女性差別が蔓延る文化を痛烈に非難したツイートやスピーチでも広く知られている。

1 Pettifor, *The Case for the Green New Deal.*

時間や能力を増やしていくために、1週間あたりの労働時間を減らしていくのです。

しかし、グリーン・ニューディールだけでは十分ではありません。私たちは、現在の権威主義的な指導者に直接対抗するような、グローバルな左派の連携を至急創出する必要があります。バーニー・サンダースとヤニス・ヴァルファキスの主導するプログレッシヴ・インターナショナル[2]は、革新的な左翼の活動家や組織を団結させることを目的としており、まさに一つの好例となりうるものです。私たちはまた、その中心原理がケアやケアを担うことに基づいた、国境を越えた機関や機構をたくさん必要としています。現在はまだ限界がありますが、私たちはこれを世界保健機関（WHO）のなかに見て取っています。ドナルド・トランプは、その国境を越えた権限を弱体化させようと躍起になっていました。国連の教育推進派の支持を受けている、より貧しい国々のニーズに焦点を当てた持続可能な開発計画にも、グローバルで革新的な連携の一側面があります。そこには、インドの経済学者・哲学者であるアマルティア・セ

［2］　2018年、バーニー・サンダースらのサンダース研究所と、ヤニス・ヴァルファキスにより創設されたヨーロッパ民主主義運動2025（DiEM25）の呼びかけにより発足した、極右勢力に対抗し、国際的なグリーン・ニューディールを唱える革新派の連帯運動。

サンダースは、2016年と2020年の合衆国大統領予備選挙に出馬した上院議員であり、グリーン・ニューディールをはじめとする反緊縮政策を掲げている。またヴァルファキスは、ギリシャ危機下の2015年に急進左派連合政権の財務大臣に就任したが、当時のチプラス首相がトロイカの押しつける緊縮政策を受け入れたため辞任した。両者の運動は、国家が財政支出を抑制する緊縮政策に反対する、国際的な反緊縮運動の潮流を形成している。

ンがめざましい役割を果たしてきた、世界開発経済研究所（WIDER）が含まれています。多くの影響を与えた「潜在能力アプローチ」[3]をセンが1980年代に最初に発展させたのは、まさにWIDERにおいてでした。かれは「貧困」を、よき生を送る能力を剝奪された状態という観点から再定義すると同時に、「開発」という概念を、人々がどこに住んでいようとも、彼女たち・かれらが社会生活に参加できるようにするための潜在能力を拡張するという意味あいを含める形で、経済学を超えて拡大させました。この潜在能力アプローチは、今や世界中の革新的なネットワークによって採用されています。

私たちは、最も権力のある者の命令に従うのではなく、世界中のすべての人々のニーズを反映することができるように、国境を越えたこれら既存の革新的な諸機関を足場にする必要があります。実際、今に至るまで多くの環境を残骸にしてきた責任は、強力な国民国家と緩やかに結びついた、グローバル企業や金融機関にあります。知っての通り、環境の荒廃は世界の最も貧しい経済やそこに生きる人々に、不均衡に影響を与

［3］アマルティア・センとマーサ・ヌスバウムによって展開されたアプローチ。人が資源をもっているかどうかだけでなく、その資源を用いて、何らかの状態や活動を達成するために必要となる、実質的自由としての潜在能力（ケイパビリティ）をもっているかどうかを、福利の評価基準とする。

えます。これらの苦闘する経済は、しばしば西洋の帝国主義と新植民地主義の遺産であり、かつての植民地は数十年のうちに債務返済により力を奪われ、その公共サーヴィスの社会基盤は弱体化し、多くの人々が極貧のうちに取り残されてきました。グローバルなケアを優先させることは、世界的な不平等に取り組むことを必然的に意味するのです。

オックスファムの最近のレポート『今こそケアを』[4]では、累進課税を通じて富と価値のグローバルな不平等に取り組むことにより、ケアの危機に対処する必要性が強調されています。私たちは、緊急の債務帳消しを必要としているだけでなく、億万長者に課税することができ、「あらゆる億万長者は政策の失敗である」と認識するような政治家や政策を必要としています。すなわち、アマゾン・ドット・コムの最高経営責任者であるジェフ・ベゾスのような人たちと闘わなければなりません。かれはパンデミックの期間中にさらに２４０億ドルを蓄えたにもかかわらず、自らの従業員には有給の傷病休暇の保障を拒んでいます。それゆえ、かれらのお金をオフショアのグローバル・エリートに流させず、人々やコ

［4］ *Time to Care: Unpaid and Underpaid Care Work and the Global Inequality Crisis*, Oxfam International, 2020. オックスファムは、貧困と不平等の根絶のために世界90カ国以上で活動しているＮＧＯ。

ミュニティ、そして地球のケアに投資させるためにも、グローバルな不平等に取り組むことは、国内そして国際的な金融機関を徹底的に再構築することを含んでいるのです。

　現在では、金融の規制緩和が、信用膨張[5]や環境的に持続不可能な消費を促進しています。金融詐欺は事実上、非犯罪化されてきました。アメリカ・ドルの覇権はその両方を後押ししています。世界の富の3分の1は、現在オフショアで保持されているのです。私たちは、アウトソースより、地方やコミュニティ・レヴェルでのインソースをまさに必要としているように、これら責任を負おうとしない億万長者たちを国民国家の規制に引き戻すための「リショア」金融を必要としてもいるのです。このことがさらに意味するのは、私たちがすでに示してきたように、この地球の種の多様性を再生し、かつグローバルな富を再分配する方法を具体化する、フェミニスト経済学者や脱成長を唱える環境活動家たちの考えを実現するように関わっていくということです。国民国家は、たとえば合衆国の経済学者ジェームズ・トービンによって提案されたように、

［5］　金融機関の活動に対する公的規制が緩和されてきた結果、複雑でハイリスクな投機などが促され、実際のニーズや生産活動からかけ離れた規模で債権・債務が積み上がってきたことを指す。

また多くのヨーロッパ各国によって現在支持されているように、国際的な金融取引への課税によってその収益を再分配することを通して、グローバル・エリートの活動に「横槍を入れる」ことができるし、またそうしなければならないのです。あらゆる国際機関やネットワークが、世界の資源を再分配することを促進し、あらゆる国家やそこにいる人々の繁栄に必要な、ケアに満ち共有された社会基盤を築きあげることを可能にするために、世界へのケアは、そのような国際機関やネットワークをつくりなおし、民主化していくことを含んでいるのです。

ケアに満ちたつながりからなるグローバルな連携

国境を越えた革新的ネットワークはまた、現に存在するネットワークを足場にすることもできます。私たちが地球をケアしてこなかったという問題に取り組むことは、単に近隣地域や個人のレヴェルで引き受けられるものではなく、国家の介入や国際的な介入を必要とするものだとはいえ、結局のところ、あらゆる文脈において、それを後押しする大勢の人々なくしては、革新的変化が生じることはないでしょう。

そのうえで、世界へのケアは、あらゆる領域にわたって社会基盤と共有空間を再建・民主化し、その過程で革新的な運動と制度への支持と連携を広げていかなければなりません。そのような変化に対する要求が始まるのはしばしば、草の根の闘争的な抵抗からです。私たちが目にしてきたように、気候変動や種の多様性の消失に対抗するアクティヴィズムは近年急増しており、最も劇的なのは２０１９年のエクスティンクション・レベリオン[6]（ＸＲ）により組織された対決と占拠です。これらの活動は、（バングラデシュやイギリス、ポルトガル、フランス、そしてアルゼンチンを含む）いくつかの国々による議会の決定に貢献し、数カ月後には気候非常事態宣言が出されることになりました。

歴史的には、草の根の抵抗は、少なくとも一時的にであれ、時にかなり驚くべき結果を導いてきました。２０１２年のアラブの春のように抑

［６］　気候と生態系の緊急事態に対して政府が行動するように働きかける、非暴力の直接行動と不服従の運動をおこなう環境保護団体。日本語では「絶滅への反乱」を意味する。ＸＲは、①政府が気候と生態系の緊急事態宣言をおこなうこと、②政府が２０２５年までに温室効果ガスの排出量を実質ゼロにするように行動すること、そして③政府が気候と生態系の正義のための市民議会を設立し、そこでの決定に導かれること、という３つの要求を掲げている。

圧的な政権を転覆したり、パイプラインの導入や採掘、フラッキング[7]、森林破壊、そしてダムの建設に起因する環境災害をくい止めたりなどです。レベッカ・ソルニットのいうように、「あらゆる抗議運動は世界のバランスを変化させる[8]」、あるいはその潜在力をもっているのです。ある場所におけるある形での抵抗は、たとえ押さえ込まれたとしても、境界を越えて別の地域で、あるいは世界の別の場所においてさえも、別様に展開しえます。たとえば、南アメリカ、特にチリにおける近年の人民の反乱は、アラブ世界のものに触発されました。スタンディング・ロックの土地を横切って石油を輸送するダコタ・アクセス・パイプラインへの抵抗は、アレクサンドリア・オカシオ＝コルテスに影響を与え、彼女を選挙に出馬させせました。スタンディング・ロックのような現地でのアクティヴィズムは、彼女たち・かれらの土地を守るネイティヴ・アメリカンの人々に新たな希望と力をもたらしたとともに、政府レヴェルでグリーン・ニューディールに関する法律を作成しようと働きかける人々にも影響を与えてきたのです。

［7］　水圧破砕法とも呼ばれる。地下のシェール層に化学物質を混ぜた高圧の水を注入し、その水圧でオイルやガスを採取する方法。従来の手法では採掘できなかったシェール層のオイルやガスにアクセスできるようになったことにより、合衆国では原油生産量が大幅に増加した。その一方で、フラッキングによる水不足、環境汚染、地震などが問題となっており、2020年の大統領選挙の争点ともなった。

［8］　Rebecca Solnit, 'Every protest shifts the world's balance', *The Guardian*, 2019.
　著作家であり活動家でもあるソルニットには、多分野にわたる数多くの著書があり、「マンスプレイニング」という造語が広まるきっかけとなったブログエッセイが収録された『説教した

このように、私たちは現に存在する、国境を越えたあらゆる革新的ネットワークを足場にする必要があります。それは、恐れぬ自治体《フィアレス・シティ》［9］のようなミュニシパルな急進的運動から、国際労働組合総連合（ＩＴＵＣ）やその他のグローバルな産業別労働組合の連合体（ＧＵＦｓ）のような、労働者のグローバルな連合にまで至るでしょう。他にも、国境を越えたフェミニストたちによる正義と平和に関する数多《あまた》のネットワークがあり、近年目を引くのが、ウィメンズ・マーチとウィメンズ・ストライキのムーヴメントです。グローバル・ウィメンズ・ストライキは、２０１６年10月［3日］の「ブラック・マンデー」にポーランドで起きた、中絶の犯罪化を検討した右翼のポーランド政府に対抗する女性たちの全国的なストライキや、アルゼンチン、メキシコ、チリ、エルサルバドル、そしてブラジルで起きた、フェミサイドすなわち女性を狙った殺害に対する抗議運動 #NiUnaMenos（「もう、一人の女性も犠牲になってはならない」）が、きっかけの一部となって始動しました。イギリスや合衆国の支部は、自分たちの活動を、女性たちによって組織され全世界にわたって大勢の

がる男たち』（ハーン小路恭子訳、左右社、２０１８年）など、日本にも多くの翻訳書がある。マンスプレイニングとは、**man**（男性）と **explain**（説明する）がかけ合わさった言葉であり、男性が多くは女性に対して、女性たちを無知だと決めつけて自らの知識をひけらかし、講釈を垂れることを指す。

［9］　バルセロナ・コモンズの活躍で知られるバルセロナ市が最初に提唱し、その後２０２０年には世界77カ所の自治体が表明した、ミュニシパリズムの国際的な連携。バルセロナ市が「抑圧的なEU、国家政府、多国籍企業、マスメディアを恐れず、難民の受け入れを恐れず、地域経済と地域の民主主義を発展させることで制裁を受けることを恐れずと三つの「恐れず」を宣言したように、新自由主義的な政策に対

人々を動員する他の活動に明らかに連動させながら、無償あるいは低賃金の女性のケア活動に世界が依存していることに、とりわけ焦点を当てています。私たちはまた、革新的な倫理が国家政策のうちに組み込まれるのを見るときはいつでも、それを学び、祝福することができます。ニュージーランドやフィンランドのような国々では先行して、気候変動や環境保護に関する教材が学校のカリキュラムのうちに組み込まれてきました。

　したがって、社会運動のレヴェルにおける国境を越えた過去の結びつきを思い出し、そして近年にも同様の結びつきがあるということに気づくことがきわめて重要になります。というのも、それらの事例は、私たちをすでに結びつけている団結を足場にすることが必要だということに光を当ててくれるからです。とはいえ、地球規模の次元におけるケアや、共有されるグローバルな生態系を理解するためには、私たちは国境の理解の仕方を変容させ、急進的で民主的な日常的コスモポリタニズム[10]を養っていく必要もあります。これは、人種差別的・排外主義的な右翼ポピ

して制裁を恐れずに不服従の態度を取る自治体。（岸本聡子『水道、再び公営化！――欧州・水の闘いから日本が学ぶこと』集英社、２０２０年、１４４ページ。）

[10]　国家や民族に囚われない世界主義＝コスモポリタニズムを、高尚で理想主義的な哲学的概念として考えるのではなく、むしろ私たちの日常生活のなかに見出され実践されるべきものとする考え。

ュリズムの台頭する今、特に差し迫ったものとなっています。

国境

『ケア宣言』の核心は、世界の資源を分配することを要求することにあります。その仕方は、環境的に持続可能であるだけでなく、より公平に人々を支え、そしてお互いの憎しみを減らし違いを超えたつながりをつくりあげるものでもなければなりません。

国民国家は、自国の市民をケアする必要があるだけでなく、その他の人々に対しても注意を向ける必要があります。すなわち、難民申請者たちや移民たちに対してです。それゆえ、国民国家間の境界をさらに行き来しやすくすることが、よりケアに満ちた世界を実現するには不可欠です。新自由主義は歪んだやり方で、国境の撤廃には努めますが、それは労働ではなく資本を優先するためです。それは今日私たちが知っているように、高度に不平等で敵対的な、人種化された国境制度につながっていています。しかし、もし私たちが、資源配分をおこなう特権的地位を、金融市場にではなく、民主的に責任を負うケアする国家に与えたいと願うならば、根本的に異なった類の国境が必要になってくるのです。

国境は、ウルトラ・ナショナリズムの契機を生み出す内部での分裂をつくりだすのではなく、国民国家の縁《ふち》へと戻されるべきであり、またその力は急進的に縮減されるべきです。すなわち、市民を国境警備員として使うのをやめ、難民やその他の移民たちが、あたかも永久に無国籍であるかのような宙吊り状態にある「グレー・ゾーン」をなくしていくということです。国境は、越えたいと望むすべての人々を通すことができなければなりませんし、かつ必要とされている人口が移住によって世界の一部から流れ出し、他が過密にならないようにするために、国家を超えて調整もされていなければなりません。これが唯一可能となるのは、極貧、戦争、そして気候現象が原因で人々が故郷から逃れざるをえない状況を、著しく減少させることです――そして不平等に取り組み、ケアの公平性をつくりだすために、私たちはまたグリーン・ニューディールに立ち返ることになります。実際に、もし私たちが持続可能な世界において充実した生を送ることを願うならば、逃れることのできない相互依存性へと戻ってくるのです。

ケアの相互依存性

このように、ケアに満ちた世界を築きあげようとすると、私たちの宣言の始まった場所に立ち戻ることになります。すなわちそれは、私たちは生き物として、他のあらゆる人間や人間ではない存在とのつながりのなかで共に存在し、また地球上の生命を維持する有生無生のシステムやネットワークに依存しつづけてもいるという理解のもとに行動することから始める、ということです。私たちは、私たちのすべてには、他者に対する相反する感情や、さらには攻撃性が、不可避にも染み込んでいるということを認めています。このことは、私たちから最も離れた人々や見知らぬ人々に対する関係においては特にそうでしょう。しかし、最も近くにいる人々との関係においても、そのような相反する感情はしばしば抑えられているとしても、やはりこのことが当てはまりうるのです。とはいえ、ジュディス・バトラーが論じるように、まさにそうだからこそ、私たちは葛藤のなかで縺《もつ》れあいを共有していることを認める――その強力な帰結として、私たちは傷つきやすさと相互依存性を共有していることに気づく――ことによって初めて、私たちはグローバルな領域において、ケアに満ちた新しい構想を発展させはじめることができるのです[2]。

そのようなケアに満ちた世界をつくるということは、何よりもまず、私たちの相互依存性を素直に認め、広範にわたるケアの倫理と、あらゆる関係性における連帯とを培っていくことを意味します。その関係性の範囲は、私たちの社会運動から、国民国家間の関係性を通して、人間以外の生や地球にまで至るでしょう。ケアに満ちた社会は、ケアを欠いた

2 Judith Butler, *The Force of Non-violence: The Ethical in the Political*, Verso (2020).

ナショナリスト的虚像《きょぞう》を克服し、急進的に民主的なコスモポリタン的主体、すなわち違いや隔たりを横断してケアする人々の間の、真に国境を越えた展望を発展させることによってのみ、築かれることができるのです。

次に、真にグローバルな政治には、日常的コスモポリタニズムと私たちが呼ぶもの――すなわち、グローバルな領域の乱交的なケア――を進んで採用することが求められます。それにより、私たちのケアする想像力は、親族関係という構造やコミュニティ、そして国民国家を超え、地球の「最も見知らぬ」領域である最果てにまで到達するのです。文字通り「世界の市民」であるコスモポリタン的主体は、世界に対するケアを心に抱いているのです。

見知らぬ人々に対するケアは、一見すると培うことが困難な感情のように見えるかもしれませんが、現に私たちは、海外や他所《よそ》から来た人たちとうまくやっていけています。ある種の日常的コスモポリタニズムは、街での生活のなかで全く自然発生的に生じているのです。そこでは、歴史的に互いに見知らぬ者どうしだと考えられてきた人々が、日々の生活のなかで混ざりあい、結びついています。これを、ポール・ギルロイは「コンヴィヴィアルな文化」、マイカ・ナヴァは「実感的コスモポリタニズム」と呼んでいます。3[12]

　ケアするコスモポリタン的主体とはまさに、出会った場所や人々をほとんどケアすることなく地球を横断するような富裕層ではなく、ナショナリズムという確信には中身がないことを見抜き、見知らぬ人々に対してケアを向けるという国境を越えた志向性を養う人々です。コスモポリタンであることは、異質性を受け入れることを意味します。すなわち、特定の時や場所において、いかなる違いが問題となろうとも、その違いと共に生きていくよりほかはないということを、知っているということです。

3　Paul Gilroy, *After Empire*, Routledge (2004); Mica Nava, *Visceral Cosmopolitanism*, Berg (2007).

[12]　ギルロイとナヴァはそれぞれの著作において、コンヴィヴィアリティ（conviviality）を「多文化を社会生活のありふれた特徴とする共同生活や交流の過程」（p. xi）、実感的コスモポリタニズム（visceral cosmopolitanism）を「コスモポリタニズムの、無意識的、非知性的、感情的、包摂的な特徴」（p. 8）と言い表している。

振り返ってみて

ケア宣言は、「ユニヴァーサル・ケア」のクィア的–フェミニスト的–反人種差別的–エコ社会主義的な政治構想を提案します。ユニヴァーサル・ケアとは、私たちは直接手をかけるケアワークに対してみなで連帯して責任を引き受け、また同様に、他の人々や地球が開花することに関わり、それをケアするということです。すなわち、真に集合的で共同的な生の形を取り戻し、資本主義市場に代わるオルタナティヴを適用し、ケアの基盤の市場化を逆転させるということです。さらにユニヴァーサル・ケアが意味するのは、中央においても地方においても、私たちの福祉国家を回復させ、急進的に深めていくということです。そして最後に、ユニヴァーサル・ケアとは、国境を越えたレヴェルでのグリーン・ニューディールや、ケアする国際的諸機関、そしてより行き来のしやすい国境をつくり、日常的コスモポリタニズムを培っていくということです。

私たちは、世界各地で前例のないロックダウンがなされている折に、この宣言を結びます。私たちが示してきたように、Ｃｏｖｉｄ－19のパンデミックは、新自由主義の恐ろしさを確かにあらわにしてきました。しかしそれはまた、ケアについての話しあいを、依然として限定的なものであるとしても、活性化させてもきました。

目下進行中のグローバルな厄災が、大規模な破裂の瞬間であるのは明らかです。しかしながら歴史的には、破裂は急進的な革新的変革への道のりを拓いてきました。第二次世界大戦の後には、多くの西洋諸国では福祉が成長を遂げ、かつてのヨーロッパ植民地では独立闘争が成功を収めました。しかし２００７～08年の金融危機の後のように、破裂はナショナリズム、独裁主義、そして再興した資本主義が成長する引き金にもなってきました。

今日の課題は、急進的変革のこれまでの契機を足場にするということです。私たちがこの宣言で明らかにしてきた構想を実現するということは、Ｃｏｖｉｄ－19の遺産が、増大した新自由主義的独裁主義ではなく、ケアをあらゆるレヴェルにおいて中心に据えた新しい政治となるように、組織化をすることを必然的に意味します。ユニヴァーサル・ケアという構想は、喫緊であるだけでなく、気の遠くなるほど困難なものでもあることはわかっています。しかしながら、破裂というまさに今このとき、新自由主義の規範は崩れかけており、私たちはまれにみる機会を手にしているのです。あらゆる社会階層にわたって構造化されたケアのなさが蔓延していることが、いたるところで気づかれはじめています。ケアを率直に認めることから始めましょう。ケアがいつでもどこでも複雑である、そのすべてでも認めましょう。そして、私たちができるところから、より永続的で参加型のケアに満ちた展望、文脈、そして生活基盤をつくっていきましょう。

謝辞

本書『ケア宣言』を執筆するよう励まし、そして出版準備すべてにわたって支えてくれた、ヴァーソ出版のロージー・ウォレン、レオ・ホリスに心から感謝します。また、スー・ヒメルヴァイト、ネーヴ・ゴードン、アラン・ブラッドショー、そしてジェレミー・ギルバートには、いろいろな段階で本書を読み、コメントをしていただきました。ありがとうございます。また、様々な場所で、私たちの議論を聞いてくださり、アイディアを共有し、企画を主催してくださった方たちにも、謝意を述べたいと思います。レスター大学のヘレン・ウッドとCAMEo（文化・メディア・経済研究所）、ノルウェーのアグネス・ボルソとシーリ・オイスレブ・スーレンセン、ベヴァリー・スケッグ（と彼女の大きなケア研究グループ）、ロンドン・スクール・オブ・エコノミクスのサラ・バネット－ワイザー、そして、ロンドン大学バークベック校とHDCA（人間開発・ケイパビリティ）学会でお世話になったジョナサン・グロス、ありがとうございました。また、ローナ・スコット－フォックスには、すばらしい校閲でお世話になりました。加えて、本書の限られた紙幅では名前を挙げきれない、ケアをめぐって様々な形で仕事をされてきた多くの人たちのアイディアから、私たちは多くを学びました。そして最後になりますが、同僚たち、拡大された家族や友人、とりわけ、ダヴィデ、ジョー、そしてノアに、その常なる支援と、何よりも、あなたたちのケアに対して、私たちの感謝の言葉を伝えます。

文献案内

Alexander, Sally. 'Primary Maternal Preoccupation: D. W. Winnicott and Social Democracy in Mid-Twentieth Century Britain', in Sally Alexander and Barbara Taylor（eds.）. *History and Psyche: Culture, Psychoanalysis and the Past*, Palgrave Macmillan（2012）: 149–72.

Anderson, Bridget. *Doing the Dirty Work? The Global Politics of Domestic Labour*. Zed（2000）.

Aronoff, Kate, et al. *A Planet to Win: Why We Need a Green New Deal*. Verso（2019）.

Arruzza, Cinzia, Tithi Bhattacharya and Nancy Fraser. *Feminism for the 99%: A Manifesto*. Verso（2019）.（シンジア・アルッザ、ティティ・バタチャーリヤ、ナンシー・フレイザー著、惠愛由訳、菊地夏野解説『99％のためのフェミニズム宣言』人文書院、２０２０年。）

Autonomy and NEF. *The Shorter Working Week: A Radical and Pragmatic Proposal*.（2019）.

Benton, Sarah. 'Dependence', *Soundings: A Journal of Politics and Culture* 70（Winter, 2018）: 61, 62.

Briggs, Laura. *How All Politics Became Reproductive Politics: From Welfare Reform to Foreclosure to Trump*. University of California Press（2018）.

Butler, Judith. *The Force of Nonviolence: The Ethical in the Political*. Verso（2020）.

——. *Precarious Life: The Powers of Mourning and Violence*. Verso（2004）.（ジュディス・バトラー著、

本橋哲也訳『生のあやうさ——哀悼と暴力の政治学』以文社、２００７年。)

Byron, Paul. *Digital Media, Friendship and Cultures of Care*. Routledge (2020).

CareNotes Collective. *Care Notes: A Notebook of Health Autonomy*. Common Notions (2020).

Chatzidakis, Andreas and Deidre Shaw. 'Sustainability: Issues of Scale, Care and Consumption', *British Journal of Management* 29 (2) (2018): 299–315.

Chatzidakis, Andreas Deidre Shaw and Matthew Allen, 'A Psycho-Social Approach to Consumer Ethics', *Journal of Consumer Culture*, (2018) doi.org.

Coffey, Clare, et al. *Time to Care: Unpaid and Under-paid Care Work and the Global Inequality Crisis*. Oxfam (2020).

Cooper, Davina. *Feeling Like a State: Desire, Denial, and the Recasting of Authority*. Duke University Press (2019).

Coote, Anna and Andrew Percy. *The Case for Universal Basic Services*. Polity (2020).

Crimp, Douglas. 'How to Have Promiscuity in an Epidemic', *October* (43) (1987): 237–71.

Davis, Angela J. (ed.). *Policing the Black Man: Arrest, Prosecution, and Imprisonment*. Pantheon Books (2017).

de Angelis, Massimo. *Omnia Sunt Communia: On the Commons and the Transformation to Postcapitalism*. Zed Books (2017).

Dorling, Danny. *Peak Inequality*. Policy Press (2018).

Dowling, Emma. *The Care Crisis*. Verso (2021).

Duffy, Mignon. 'Doing the Dirty Work: Gender, Race, and Reproductive Labor in Historical Perspective', *Gender and Society* 21(3)(2007): 313–36.

Duffy Mignon, et al.（eds.）*Caring on the Clock: The Complexities and Contradictions of Paid Care Work*. Rutgers University Press（2015）.

Ehrenreich, Barbara. *Nickel and Dimed: On (Not) Getting by in America*. Granta（2010）.（バーバラ・エーレンライク著、曽田和子訳『ニッケル・アンド・ダイムド――アメリカ下流社会の現実』東洋経済新報社、２００６年。）

Eisler, Riane. *The Real Wealth of Nations: Creating a Caring Economics*. Berrett-Koehler Publisher（2008）.（リーアン・アイスラー著、中小路佳代子訳『ゼロから考える経済学――未来のために考えておきたいこと』英治出版、２００９年。）

Elson, Diane. 'Recognize, Reduce, and Redistribute Unpaid Care Work: How to Close the Gender Gap', *New Labor Forum* 26(2)(2017): 52–61.

Estes, Nick. *Our History Is the Future*. Verso（2019）.

Farris, Sara R, and Sabrina Marchetti. 'From the Commodification to the Corporatization of Care: European Perspectives and Debates', *Social Politics* 24(2)(2017): 109–31.

Featherstone, David and Jo Littler. 'New Municipal Alternatives'（Special Issue）, *Soundings: A Journal of Politics and Culture* 74,（2020）.

Folbre, Nancy. *The Invisible Heart: Economics and Family Values*. New Press,（2001）.

France, David. *How to Survive a Plague: The Story of How Activists and Scientists Tamed AIDS*. Alfred A.

Knopf (2016).
Fraser, Nancy. *Fortunes of Feminism: From State-Managed Capitalism to Neoliberal Crisis*. Verso (2013).
Gibson-Graham, J. K. *The End of Capitalism (As We Knew It)*. Blackwell Publishers (2006).
Gilroy, Paul. *After Empire: Melancholia or Convivial Culture?*. Routledge (2004).
Graziano, Valeria, et al. *Rebelling with Care. Exploring Open Technologies for Commoning Healthcare*. WeMake (2019).
Gunaratnam, Yasmin. *Death and the Migrant: Bodies, Borders and Care*. Bloomsbury (2003).
Hakim, Jamie. *Work that Body: Male Bodies in Digital Culture*. Rowman & Littlefield International (2019).
Harvey, David. *Rebel Cities: From the Right to the City to the Urban Revolution*. Verso (2013).（デヴィッド・ハーヴェイ著、森田成也、大屋定晴、中村好孝、新井大輔訳『反乱する都市──資本のアーバナイゼーションと都市の再創造』作品社、２０１３年。）
Hill Collins, Patricia. *Black Feminist Thought: Knowledge, Consciousness, and the Politics of Empowerment*. Routledge (2000).
Himmelweit, Sue. ‘The Discovery of “Unpaid Work: The Social Consequences of the Expansion of “Work”’, *Feminist Economics* 1(2)(1995): 1–19.
——‘Care: Feminist Economic Theory and Policy Challenges’, *Journal of Gender Studies Ochanomizu University* 16(2013): 1–18.
Hochschild, Arlie. The Outsourced Self: Intimate Life in Market Times. *Metropolitan Time* (2012).
Hollway, Wendy. *The Capacity to Care: Gender and Ethical Subjectivity*. Routledge (2006).

Hudson, Bob. *The Failure of Privatised Adult Social Care in England: What Is to Be Done?*. CHPI (2016).

Klein, Naomi. *On Fire: The Burning Case for a Green New Deal*. Penguin (2019). (ナオミ・クライン著、中野真紀子、関房江訳『地球が燃えている――気候崩壊から人類を救うグリーン・ニューディールの提言』大月書店、２０２０年。)

The LEAP Manifesto. leapmanifesto.org

Lebron, Christopher J. *The Making of Black Lives Matter: A Brief History of an Idea*. Oxford University Press (2017).

Liu, Jingfang, and Phaedra Pezzullo (eds). *Green Communication and China: On Crisis, Care and Global Futures*. University of Michigan Press (2020).

Littler, Jo. *Against Meritocracy: Culture, Power and Myths of Mobility*. Routledge (2020).

Lynch, Kathleen, John Baker and Maureen Lyons. *Affective Equality: Love, Care and Injustice*. Palgrave Macmillan (2009).

Moore, Jason and Raj Patel. *A History of the World in Seven Cheap Things*. Verso (2019).

Nava, Mica. *Visceral Cosmopolitanism: Gender, Culture and the Normalisation of Difference*. Berg (2007).

New Economics Foundation. *Co-operatives Unleashed*, neweconomics.org (2018).

Parker, Rozsika. *Torn in Two: The Experience of Maternal Ambivalence*. Virago (1995).

Pettifor, Ann. *The Case for the Green New Deal*. Verso (2019).

Pirate Care Collective. *Pirate Care Syllabus*, syllabus. pirate.care (2020).

Ratzka, Adolf. *Independent Living and Our Organizations: A Definition*. independentliving.org (1997).

Raworth, Kate. *Doughnut Economics: Seven Ways to Think like a Twenty-First-Century Economist*. Oxford Academic（2018）.（ケイト・ラワース著、黒輪篤嗣訳『ドーナツ経済学が世界を救う——人類と地球のためのパラダイムシフト』河出書房新社、２０１８年。）

Razavi, Shahra and Silke Staab（eds）. *Global Variations in the Political and Social Economy of Care: Worlds Apart*. Routledge（2012）.

Roberts, Dorothy. *Killing the Black Body: Race, Reproduction and the Meaning of Liberty*. Vintage（2000）.

Roseneil, Sasha and Shelley Budgeon. 'Cultures of Intimacy and Care Beyond the Family: Personal Life and Social Change in the Early Twenty-First Century', *Current Sociology* 52（2）（2004）: 153–9.

Rottenberg, Catherine. *The Rise of Neoliberal Feminism*. Oxford University Press（2019）.

Rowbotham, Sheila, Lynne Segal and Hilary Wain-wright. *Beyond the Fragments: Feminism and the Making of Socialism*. Merlin（2010）.

Roy, Arundhati. 'The Pandemic Is a Portal', *YesMagazine*, 17 April.

Sassen, Saskia. *Losing Control? Sovereignty in the Age of Globalization*. Columbia University Press（2015）.

Segal, Julia. *The Trouble with Illness: How illness and Disability Affect Relationships*. Jessica Kingsley Publishers（2017）.

Segal, Lynne. *Out of Time: The Pleasures and Perils of Ageing*. Verso（2013）.

———. *Radical Happiness: Moments of Collective Joy*. Verso（2017）.

Shiva, Vandana. *Oneness vs the 1%: Shattering Illusions, Seeding Freedom*. New Internationalist（2018）.

Skeggs, Beverley. 'What Everyone with Parents Is Likely to Face in the Future', *Sociological Review*, 29

March 2019, thesociologicalreview.com.

——. 'Values Beyond Value? Is Anything beyond the Logic of Capital?', *The British Journal of Sociology*, 65(1)(2014): 1–20.

Srnicek, Nick. *Platform Capitalism*. Polity (2016).

Tronto, Joan. *Caring Democracy: Markets, Equality, and Justice*. New York University Press (2013).

Vitale, Alex S. *The End of Policing*. Verso (2017).

Weissman, David. *We Were Here*. Peccadillo Pictures (2011).

Weston, Kath. *Families We Choose: Lesbians, Gays, Kinship*. Columbia University Press (1991).

White, Alan. *Shadow State: Inside the Secret Companies Who Run Britain*. OneWorld (2016).

Women's Budget Group. *Crises Collide: Women and Covid–19*, wbg.org.uk (2020).

Yuval-Davis, Nira, Georgie Wemyss and Kathryn Cassidy. *Bordering*. Polity Press (2019).

訳者解説

岡野八代、冨岡　薫、武田宏子

本書について

『ケア宣言』は、ロンドンに拠点を置く複数の研究者である、アンドレアス・ハジダキス（経済学）、ジェイミー・ハキーム（メディア研究）、ジョー・リトラー（社会学）、キャサリン・ロッテンバーグ（北米研究）、リン・シーガル（心理学）ら5人が2017年から始めた読書会のなかから生まれた。彼女たち・かれらは、ケアをめぐる世界的危機の実態とその原因を解明し、いかに私たちがその危機に応えるべきかといった難題に応えようと、上記の様々な研究分野を専門としながらも、共通の危機感から読書会を立ち上げたのだ。こうした背景からも了解されるように、分野を異にするとはいえ、彼女たちは共通してジェンダー、フェミニズム、そして新自由主義に強い関心をもつ研究者たちである。

そして本書の究極的な目標が、「ユニヴァーサル・ケア」の確立にあると主張されていることからも、本書が危惧する「ケアを顧みないこと《ケアレスネス》」が君臨する世界が、著者たちが住むイギリスだけの問題ではないことはいうまでもないだろう。実際、本書は、昨年出版されるや否や、カタロニア語・イタリア語・韓国語・スペイン語・トルコ語の5言語での翻訳が始まった。ケアが顧みられない世界は、私たちの日常生活から地球大の事象までをも含んだ、文字通りグローバル《地球大》な関心事であり、かつ諸問題を引き起こす元凶なのだ。そしてここ日本でも、とりわけ新型コロナウイルスのパンデミックによって、私たちが深刻な問題を抱えていることが白日のもとに晒された。しかしここで注意しなければならないのは、ケアという人間の存続と社会基盤を支える重要かつ不可欠な活動・実践・営みが顧みられてこなかったのは、今に始まったことではないということだ。「ケアを顧みない」世界とは、女性たちに多くの負担と抑圧を課しつつ、歴史を通じて私たち人間社会が築き上げてきてしまった、男性中心主義的な政治社会そのものの特徴であるといっても過言ではないだろう。

本書を日本に紹介することになった経緯は、本書が依拠するフェミニスト理論家のなかでも、ケアを実践として捉え、その実践のありようとケアが紡ぎだす関係性に着目することで、民主主義、ひいては政治そのものを大きく変革しようと格闘してきたアメリカ合衆国の政治理論家であるジョアン・トロントの理論を研究し、自身もケアの倫理を重視するフェミニズム理論研究に従事していた岡野八代に、大月書店の編集者・木村亮さんから翻訳の依頼があったことに始まる。本書の政治的重要性と時代の要請を感じた岡野は、依頼後すぐに翻訳にとりかかった。本書はコンパクトなつくりでありながら、家族、地域社会、グローバル社会、政治と経済といったように、扱う分野は多岐にわたっている。そこで、翻訳の正確さやスピードを重視し、岡野から倫理学の分野でケアの倫理を研究してきた冨岡薫さん、そして、著者らが具体的な事例として特に言及するイギリスの現状について詳しい、政治社会学を専門とする武田宏子さんに共訳をお願いすることになった。序章、第2章、第3章、第5章は岡野、第1章、第6章は冨岡、第4章は武田がまず訳出し、その後3人で翻訳のチェック、訳語の統一、そして校正をおこなった。

本解説では、ケアを通じた優れた現状分析と未来に向けてのオルタナティヴを提起する本書が誕生した背景となる、ケアの倫理をめぐる研究史・理論史に焦点を当てて論じ、最後に、日本の政治状況とも通底するイギリス政治に新自由主義がどのような爪痕を残したのか、それに対するいかなる抵抗が生まれているのかに言及して、日本語読者が本書をよりよく理解する機会を提供したい。

1　ケアの倫理——起源と理念

現在「ケアの倫理」として議論されているものの理論的起源は、1982年に公刊された、合衆国の心理学者であるキャロル・ギリガンの『もうひとつの声』という著作にまで遡ることができる。その著作において、ギリガンは大きく分けて2つの主張をおこなった。

1つは、ギリガンの専門であった心理学分野における、男性中心主義に対する告発である。彼女が非難の矛先を向けるように、従来の心理学理論は、ジークムント・フロイト、ジャン・ピアジェ、エリク・エリクソンなどの男性たちによって形づくられてきた。また、彼女の同僚であるローレンス・コールバーグは、彼の道徳性発達理論をつくりあげる際に、その研究調査の被験者を男性に限定し、女性をその理論から排除してきた。このように、男性が、男性を被験者に用いて、男性の価値観に基づいて作成した「人間の発達心理学理論」における尺度では、女性は道徳において未発達であり、あるいは逸脱者《いつだつ》としての烙印《らくいん》を押されてしまう。ギリガンのこの告発は、「女性の経験を無視し、またそのことによって女性を道徳的判断において劣る存在として規定してしまう、心理学における「男性中心主義」を批判する」（江原 1993: 179）という意味での「知識批判」であり、彼女はこの著作において、「女性たちの語る言葉に耳を傾けることができる学問の構築を要求」（Ibid.: 180）したのである。

そしてギリガンの2つめの主張が、排除されてきた女性たちから聞こえる、「ケアの倫理」を表す声の存在である。以下では、「ケアの倫理」と、それに対比させられる「正義の倫理」の特徴を示すために、「ハインツのジレンマ」に関する研究調査と、そのジレンマに対する11歳の男の子ジェイクと、同じく11歳の女の子エイミーの回答を概観する。

「ハインツのジレンマ」とは、道徳性発達を測る際にコールバーグによって考案されたものであり、内容は大まかに以下のようなものである。〈ハインツの妻はある病にかかっており、ある薬屋がもっているある薬を飲まなければ、妻は死んでしまう。しかし、ハインツはその薬を買うお金をもっておらず、薬屋もハインツにその薬を渡すのを拒んでいる。ハインツは薬を盗むべきかどうか。〉

コールバーグによれば、このジレンマは、妻の生命と薬屋の財産との葛藤にある。このジレンマを提示されたジェイクは、コールバーグの想定通りにこのジレンマを解釈し、生命に優先性を認め、「ハインツは薬を盗むべきだ」と答える（Gilligan 1993a: 26/41）。

それに対しエイミーは、「彼は絶対に薬を盗むべきではありません。でも、彼の妻を死なせるべきでもありません」という、一見曖昧な回答をする（Ibid.: 28/44）。そして、インタヴュアーが質問を聞き返すうちに、彼女は自分の回答に自信を失い、その返答は不確かでぎこちないものとなっていってしまうのである（Ibid.: 28–29/46）。

これらの回答における道徳性を評価する際に着目すべきは、回答内容そのものではなく、その回答に至るまでの思考の道筋である。ギリガンによれば、ジェイクとエイミーでは、思考の道筋が異なっているのである。ジェイクは、ジレンマの登場人物を「権利を争う敵同士」と捉えるのに対し、エイミーは同じ登場人物を、「すべての人がその延長に依存している、関係性のネットワークのメンバー」とみなしている（Ibid.: 30/50）。すなわち、エイミーは「つながりを切るのではなく」、ハインツが妻とよく話しあい、他の人からお金を借りるなど、周りの人々との「コミュニケーションによってネットワークを活性化させる」ことに、ジレンマの解決策を見出している（Ibid.: 30–31/50）。また、ジェイクはこのジレンマを〈ハインツは薬を盗むべきか（あるいは盗むべきでないか）〉と理解しているのに対して、エイミーは〈ハインツは薬を盗むべきか（あるいは他の仕方で妻を助けるべきか）〉と理解しており（Ibid.: 31/50）、コールバーグの提示する抽象的な仮想的ジレンマに対して、失われた文脈を補いながらジレンマを解決しようとしているのである。

ギリガンは、権利や規則、抽象、普遍化可能性などに重きを置くジェイクの思考方法を「正義の倫理」、他者への責任や関係性、文脈、個別性に重きを置くエイミーの思考方法を「ケアの倫理」と名づけた。しかし、従来の道徳性発達理論や、現実の世界においては、ケアの倫理の思考方法は道徳的に低次なものとみなされ、「関係性に関心を向けることは人間の強みというより、むしろ女性の弱みとして現れてしまうのである」（Ibid.: 17/22）。

責任と関係性を中心に据える「ケア」は、単に優しく温かで、愛の溢れる理想的なものではない。事実、〈他者を傷つけてはならない〉というケアの命法は、仮想ではない実際のジレンマの場面において葛藤を生む。中絶するかどうかに悩む女性たちにインタヴューをおこなったギリガンの「中絶決定に関する研究」において、[*1] 中絶に悩む女性たちは、胎児やパートナーを含めた周囲の様々な人々に対して責任を果たそうとするが、それぞれに対する責任が衝突していることで、すべての人をケアすることができないという〈犠牲者選びのジレンマ〉に直面することとなる。彼女たちの声のなかに現れているように、ケアの倫理は、「すべてのひとが応答され、包摂されること、そして誰ひとり取り残されたり、傷つけられたりしないこと」（Ibid.: 63/109）を理念に置きながら、誰も傷つかないことが不可能であるという現実との葛藤に向きあい、その状況において、非暴力という理想にいかにして近づくことができるかを思考するなかで生まれた。すなわちケアの倫理は、積極的に応答することで人々を危害から守り保護することだけを目的とするのではない。さらにその倫理が要請するのは、「それでもなお、傷つきやすい存在のニーズが誰からも応答されなかったためにその生が危険にさらされたり、直接的に暴力を受けたりした最悪の場合には、過去に遡り、危害を特定し、断ち切られた過去とを結ぶ糸を紡ぎ直しながら、傷を癒し回復を目指すための新しい「現在」を創造しうるような関係性を、ひととひとの間に築かなければならない」（岡野 2012: 316）ということなのだ。

ただし、ギリガンが『もうひとつの声』の冒頭であらかじめ断りを入れているように、「私の記述するもうひとつの声は、性別ではなく、テーマによって特徴づけられている」（Gilligan 1993a: 2/xii）ということは、くりかえし確認されるべきである。すなわち、その後も当著作のタイトルが「女性の声」ではなく「もうひとつの声」であるということを指摘したように（Gilligan, 1993b: 209）、ギリガンはケアを女性に特有の「フェミニンな倫理」として示そうとしたわけではない。そしてその後の議論を経て展開されていくケアの倫理は、貶められてきたケアの価値を再考すると同時に、ケアを女性や周辺化された人々に割り当て搾取しようとする支配と抑圧の権力構造に目を向けるという点で、「フェミニストの倫理」であるといえる。ケアの倫理は、フェミニスト的視点から、抑圧的なケア環境に置かれた人々を保護するために、「善いケア」とは何かという規範に関する議論を展開してきた。

また一方で、ケアの倫理は「規範から外れているとされた声」にギリガンが耳を傾けるなかで生まれたのも事実である。このことから、グローバル・ノースで形づくられてきたケアの倫理は普遍性を騙《かた》ってはならないのであり（Tronto 2020: 186）、ケアの倫理はその規範を措定《そてい》することで、いかなる文脈を捨象し、いかなる声を掬《すく》い損ねているのか、すなわちケアの倫理それ自体がいかにして「支配的権力の一形態としても作用しうる」（Ibid.: 182）のかについても、注意深くあらねばならない。しかしまた同時に、既存の権力関係において、あらゆる声を聞こうとすることが、より脆弱な人々をケアし損ねることにつながる可能性について考え、そこでは権力関係を再生産しないためのいかなる規範や視点が必要になるのかについても、常に敏感であることが求められているのである。

「ケア」という言葉自体は、誰でも使うことができる。実際に本書の序章でも取り上げられているように、今や私たちの生活のいたるところに「ケア」という言葉が満ち溢れていると同時に、本来ケアの理念にはそぐわないような行いが「ケア」を利用し、「ケア」として粉飾されている。本書はそれに対抗し、「フェミニスト的－クィア的－反人種差別的－エコ社会主義的視点」から、ケアのあり方を捉えなおすという試みと実践なのだ。

2　ケアの倫理をめぐる論争とその克服

とはいえ、その後多くのフェミニストたちに国境を越えて深い影響を与えた『もうひとつの声』は公刊直後より、〈もうひとつの声〉は女性が生まれながらにもつ特性なのか（本質主義）、それとも社会的な環境により発せられるようになるのか（構築主義）といった論争を引き起こした。また、『もうひとつの声』が対照的に描いた「ケアの倫理」と「正義の倫理」といった二元論は、学問体系にも深く根ざした公私二元論と結びつきながら、ケアの倫理は私的で親密な関係性のなかでこそふさわしく、公的領域ではあくまで伝統的な正義の倫理が優先されつづけるのではないか、といった問いに、フェミニストたちは長く悩まされることになる。なぜならフェミニストが格闘してきた（いる）のは、女性は私的な領域、つまり家庭での生活にふさわしいということを前提に社会を構造化し、女性の生の可能性を閉ざしてきた公私二元論にほかならなかったからである。

多くのフェミニストたちを巻き込んだこの2つの論争は、しかし、女性たちが担ってきたケアという実践・活動そのものがさらに注目されることによって、ケアの倫理が理論的に大きな飛躍を遂げる契機となった。まず、後者の論争、すなわち〈ケア「か」正義か〉といった論争については、公私二元論に最も強く規定され、したがって男性中心的な学問体系を最も長く誇ってきた哲学・倫理学の領域のなかから、〈ケア「か」正義か〉といった枠組みそのものを疑うことこそが、ケアの倫理の特徴であると論じられはじめた。

たとえば、アネット・ベアーは1985年、1987年と立てつづけに発表した論考のなかで、『もうひとつの声』は、これまで男性哲学者たちが論じてきた正義論が語ってこなかったにもかかわらず、その正義論が前提にしてきた（当てにしてきた）、ある事実を明らかにしていると論じている。それは、男性中心的に捉えられた生活スタイルにおいて女性の所与とされ、養育者、ケア提供者、内助者として彼女たちが担ってきた活動を、男性たちは経済的な枠組みと同じように、「そのケアを当然視し、あるいはその価値を貶め」てきたという事実である（Gilligan 1993a: 17/22）。

男性哲学者たちは、普遍的な義務とは何かを長きにわたり論じてきた。そのなかで正義論とは、人間に自然に備わる自由を、いかなる場合に社会は制約できるのかをめぐる理論体系である。しかし、とベアーは問いかける。誰かが、たとえば〈嘘をついてはならない〉といった義務を子どもたちが体得できるよう育てなければ、その子たちが大人になって嘘をついたとしても、社会はその者を罰することができないのではないか。そうであれば、子が〈嘘をついてはいけない〉と理解できるように育てる責任は、誰がどのような道徳的理由で担うのだろうかと。男性哲学者たちは、〈新しい人を愛情をもって育てよ〉という義務を、人間に課せられる普遍的義務の一つに決して数えることはなかった。それどころか、歴史を振り返れば、子育てや家事は、かれらが人間以下とみなしてきた奴隷や女性たちが担うことによって、ギリガンが指摘したように、当然視されると同時に、その価値を貶められてきた（Baier 1993）。

ベアーはギリガンが着目したケアの倫理のなかに、あたかもマルクスを読んでいるかのように、女性たちが担わされてきたケア活動に対する――その労力に見合った支払いも評価もない――搾取と、そうしたケア活動が紡ぎあげてきた――決して自発的な契約ではない、子と父母、兄弟姉妹、時にそれらを越えて広がるケア関係などからなる――関係性がその価値を貶められることによって、正義論が前提とする自律した個人がそうした関係性から疎外されていることに対する告発を読み取った（Baier 1995）。つまり、伝統的な正義論が見過ごしてきた、搾取と疎外という社会的不正義を、『もうひとつの声』こそが聞き取っているのだとして、ベアーに始まるフェミニストたちは、ギリガンの出発点に女性たちが被ってきた不正義に対する告発を読み取ることで、〈ケア「か」正義か〉といった論じ方に無効化を迫ったのだった。ケアの視点から、彼女たちはこれまでにない正義論を模索したのだ。

たとえば、はっきりとマルクスの搾取論からギリガンを読み解くブーベックは、そもそもケアに対する関心が、女性たちが不当にケア実践を背負わされてきたことに対する告発から始まるフェミニズムの主張から生まれたことを考えると、正義への訴えがないなどと考えることはできないと主張する（Bubeck 1995）。また、ケアは担い手にとって手間も時間もかかる労働集約的な活動であるために、誰にどれだけのいかなるケアを与えるべきか、といったまさに正義に関わる問い――平等と、他者に危害を与えないといった原則――なしに実践されえない。正義の要請はケアにとって、外部からの「異質な押しつけであるどころか、正義への考慮は、ケアの実践の内側から沸きあがり、したがって、正しく理解されるならば、ケアの倫理を構成している重要な一部分なのだ」（ibid.: 206）。

さらに、ケアが実践として詳細に分節化されることで、〈本質主義「か」構築主義か〉といった論争もまた、ケアをめぐる不適切な議論枠組みであることが指摘されてきた。しかし、その道筋は、フェミニストたちが着目したケア実践が――すでにベアーの議論に表れていたように――家庭内での母親業が中心であったために、さらに本質主義に対する批判が高まるといった困難にも晒されつづけることになった。

現在では、ギリガンと並んでケアの倫理の源流と指摘されるサラ・ラディクは（cf. Urban and Ward: 2020）、１９８０年に論文「母的思考（Maternal Thinking）」を発表し、これまで本能としてしか論じられてこなかった母親業を実践（practice）として、すなわち、はっきりとした目的をもち――子の福祉の最大化――、ある文脈のなかで試行錯誤しながら、個別の行為の良し悪しを判断する思考を伴った活動として分節化した。彼女もギリガン同様、脆弱な人――放っておくと死に至る――が実際の危害にあわないように、圧倒的な能力差にもかかわらず暴力の誘因に抗《あらが》いつつ、予測不能なまでに変化する子のニーズに愛情をもって応え、既存の社会で生きぬくことができるよう、社会化のための訓練をなすことを、母的思考・実践と名づけた。ラディクの母的思考は、とりわけ平和思想をそこから紡ぎだそうとしたがゆえに（Ruddick 1989）、彼女自身は実際には、女性も戦争に加担してきた歴史に触れつつ、女性だからといって平和的であるわけではなく、ケアの理想化《ロマンティサイズ》は戒《いまし》められなければならないと幾度も強調しているにもかかわらず、90年代以降も本質主義に陥っているとの非難を受けつづけた。

他方で、1971年『正義論』刊行以来、リベラルな正義論の支柱となってきたロールズの配分的正義に対して、その正義に基づく社会構想からいかに脆弱な人、具体的には障がいをもった者たちと、彼女たち・かれらをケアする人々が排除されているかを論じたのが、エヴァ・フェダー・キテイの『愛の労働あるいは依存とケアの正義論』であった（Kittay: 1999）。キテイ、そして同時期、労働市場で一人前に働か（け）ない者たちを一手に家族（非母親）に引き受けさせることを批判したマーサ・ファインマンといったフェミニストは（Fineman 1995）、母親が多く担わされてきたケア実践の特徴――労働集約的で、代替することが時に困難であり、ケアする者は自身の利益をしばしば脇に置くことを迫られる――を何よりも詳細にした。そのうえで彼女たちが訴えたのは、母親であるからではなく、むしろケアする者たちが社会的に周辺化され、ケアがもつ社会的価値を貶められているがゆえの、ケアする者たちの二次依存の問題が、社会構造によって生み出されていることだった。さらに90年代以降は、福祉再編のなかで欧米の女性たちの多くは市場労働に進出し、ケア不足に悩まされることになる。そして、欧米諸国がアジア・アフリカ・東欧出身のケア労働者たちに依存するといったケア・チェーン問題によって、ケアをめぐる問題は女性の問題から、明確にケアの問題へ、すなわちケアを担う者がなぜ、社会的に貧困に陥りやすく、政治的には過小に評価・代表されてしまうのかといった問題へと視点を移していくことになる。

3　ケアの理論へ

ケア実践への着目によって、ケアを担うなかで体得していく――から、本性では決してありえない――態度や倫理、他者関係へとフェミニストたちの関心が広がるにつれて、そもそも社会を構想する際の前提となる、（心身ともに）自立し、（意志を貫徹し、自己立法に従いつづけることが自己実現だと信じることができる）自律した個人といった社会が求める個人像に、フェミニストたちは根本的な批判の目を向けるようになる。彼女たちは、自立／自律していることを自認した個人こそが、ケアを担う者たち（≒女性）に依存しつつ、彼女たちを貶めてきた歴史と現状を批判するだけでなく、個人像を脆《もろ》い、傷つきやすい人に定位し、他者とのケア関係のなかでようやく自尊心や諸価値を体得していくプロセスとしての個人化の途上にある人から、社会を構想するようになる（Cornell 1995, Nedelsky 2012）。つまり、人と人、人と環境とが複雑に相互依存しあうことで社会は構成されると考えられるようになる。

ケアを出発点に民主主義、そして広く政治的なるものを再考しようとしているジョアン・トロントもまた、そうした理論展開のなかでケアについて思索してきた政治理論家の一人である。本書では、若干説明不足で誤解を招く説明もされているので、ここで本質主義批判と公私二元論への回収を克服した現在のケア論を代表する議論の一つとして、彼女の理論に簡単に触れ、現在ケアの理論家たちが格闘している最大の課題が、新自由主義であることを確認しておこう。

トロントのケア論への最大の貢献は、ケアとはどのような営みなのかを広く定義したうえで、実践としてケアの働きを分節化することで、そのように一般的に理解されたケア実践は、民主主義を鍛えることにつながるという道筋を見出したことにある（トロント、岡野 2020）。

彼女はベレニス・フィッシャーとともに、１９９０年にケアを次のように定義している。「もっとも一般的な意味において、ケアは人類的な活動であり、わたしたちがこの世界で、できるかぎり善く生きるために、この世界を維持し、継続させ、そして修復するためになす、すべての活動」である(ibid.: 24)。もちろん、こうした広義の定義は〈結局すべての活動はケアなのか？〉という批判を呼ぶことになるが、トロントはそうした批判には〈その通り〉と応え、むしろ私たちは、なぜケアのなかでも一部の活動が、あたかも「人類の活動」ではないかのように、価値を認められず、時に蔑《さげす》まれてきたのかを考えるべきだという。一方では、もはやケアとすら呼ばれず、人類発展のために称揚される活動――政治や経済――があり、他方では、ケアという名のもとで、あたかも〈誰にでもできる仕事〉で、政治や経済活動にいそしむ者は〈自分の知ったことか！（*Who Cares?*）〉と無関心でいられる活動があるという事態はなぜ生じてしまったのか。私たちは今こそ、このような社会は民主主義の名に値するのかと問い返さなければならない。

さらにトロントは、ケア活動には複数の局面があり、ケアが複数の個人のあいだで必ずおこなわれる以上、それぞれの局面には「軋轢《あつれき》」が存在すると――本書48ページで論じられているのとは違い――注意を促す。トロントは実際、「軋轢は、ケアに内在している」（Tronto 1999: 267）とはっきり断じている。ケアの中心に、〈他者（自然・自身の身体も含む）が何を必要としているか？〉という問いかけが存在するかぎり、ケアのニーズは、実際に担われるケアによっては充たされないことがあり、ケアを担う者が、他のケアのニーズにも応じる責任に迫られれば、いずれのケアを実行するのかを選ばなければならない。ケアされる必要に気づきながらも、実際にそのケアに対する責任を負わないかもしれないし、また、ケアを担った者が、ケアを受けた者たちから、それ相応の応答を得られない場合もある。すなわち、ケア実践の際、葛藤や軋轢から誰も逃れることができない。ケアを実践、活動としてその内実を見きわめることによって強調されるのは、ケアのプロセスを「美化しない」ことである（ibid.）。

したがって、ケア実践が良くおこなわれているかを見定めるために、トロントは、①いったいどのようなニーズが充たされるべきか、関心を向けること（caring about）、②そのニーズが充たされるよう、責任を負い、何をなすべきかを配慮すること（caring for）、③そうして配慮されたニーズに応じて、実際のケアを与えること（care giving）――本書でいう、直接手をかけるケア――、④ケアの受け手の反応から、さらなる改善を図ること（care receiving）とそれぞれの局面を分節化する。そこから浮かび上がるのは、①から③までは同じ人が担うわけではないこと、また、④を経て、新しいニーズを発見し、また①からのプロセスがくりかえされることもあること、それぞれの局面で、試行錯誤、他者との協同、対立がありうるということだ。そうであるからこそ、トロントは1990年のケアの一般的定義以降使用してきたこの4つの局面に、さらに社会全体で取り組むケアとして第5の局面、すなわち、ケアを担っている人／担わない人／ケアを受け取っている人／受け取ら（れ）ない人にとって、ある特定の――しかし無数にある――ケアの遂行プロセスが、あらゆる者にとっての正義・平等・自由を現実化するという民主的な取り組みと抵触していないかどうかをみなで精査する、共にケアする（caring with）という局面を組み込んだのだった（Tronto 2013）。

こうした分節化は一方では、ある社会政策や制度を考える際のケア・アプローチを生み、注意深く（with care）それらが公正に万人に開かれた形で決定されたり、当事者によって吟味されたり、再考されたりしているかといった考察へと、ケアの倫理を大きく拓くことになった。他方で、政治もまた実際はケア活動の一部なのだという認識は、たとえば安全保障という、一部の専門家たちにその知や情報が独占され、多大な危害を――副次的であるという口実のもとに――多数の人にもたらす行動を伴う活動が、ケアにかなったものなのかという根本的な問いをつきつける。そもそもケアの倫理が、傷つきやすい人に危害を与えないといった強い倫理を要請しているのであれば、武力行使に頼る現状の安全保障体制は正当化できるのだろうか。

また、ケアの倫理がケアされる人に端を発する倫理であるかぎり、トロントが民主主義の根底にケアを位置づけたことは、現在の新自由主義社会にも根本的な疑義を呈し、新しい社会像を提起する。たとえば、トロントを参照しつつ、やはり「ケアする民主主義」への転換を説くファビエンヌ・ブルジェールは（Brugère 2014）[*2]、ケアの倫理は新自由主義と相容れないばかりか、それに対する抵抗とオルタナティヴを提供すると論じる。一方で新自由主義は、人的資本として自己投資する経済人をつくりだすために、自分自身でケアせよと自己責任を迫る。それに対して、ケアの倫理を経由したケア論によれば、ケアとは、他者のケアを必要とする傷つきやすい人がまず中心となるかぎり、複数の者たちがそれぞれの持ち場・立場で、それぞれが配慮する責任を担い、連携しながら、集合体を構築していくプロセスなのだ。

しかし、現在多くの理論家が指摘するように、新自由主義は企業や国家の原理となっているだけでなく、コロナ禍で目の当たりにしたように、医療、教育、地域社会の基盤に関わる事業に、そして何より、私たちの自己像や社会像にまで深く浸透してしまっている。だからこそ、ケアの理論は新しい社会構想を示すと同時に、私たち一人ひとりの生き方を問いなおす倫理でもありつづける。

4　イギリスの政治社会と新自由主義

ここで、本書が書かれたイギリスにおいて、新自由主義が「政治的プロジェクト」として現実政治でどのように作用してきたのか、そして、そうした政治的動向がイギリスの人々の生と生活にどういった影響をもたらしたのかを確認することには意味があるだろう。なぜなら、多様な学術領域を横断しながら「ケア」について包括的かつ多面的に論じることを通じて、現実的な政治社会の改革の道筋を模索した本書は、新自由主義が政治経済のシステムのみならず、毎日の生活の隅々にまで浸透している現代イギリスの状況に対する、著者たちによる対抗の試みとして読むことができるからである。

現実政治との関連で新自由主義が論じられる際には、ほぼ常のように、1979年から1990年までの間、マーガレット・サッチャーが率いた保守党政権による政治経済改革が事例として言及される。新自由主義経済学の主導者、フレドリッヒ・フォン・ハイエクに傾倒していたサッチャーは、新自由主義を政治過程で実践することを通じて、イギリスの政治経済システムのラディカルな改革を断行していった。具体的には、マネタリズムを基調とする財政政策への転換や、福祉国家機能の縮減による「小さな政府」への移行、国営企業の民営化、労働組合との徹底的な対決姿勢といった施策が実施されていき（Farrall and Hay 2014）、その結果、本書において「ケアを顧みない」経済システムと批判されている金融経済を基軸とし、グローバルに展開するポスト・フォーディズム型の経済が、イギリスにおいて全面化するための制度基盤が整えられていった。

同時に、サッチャー保守党政権が開始した新自由主義改革は、スチュアート・ホールが指摘したように、イギリス社会において作用してきた「善・悪」や「正統・異端」、「正常・逸脱」の基準が定められる際の参照枠組みの変質を引き起こすことによって、既存のヘゲモニー構造を転換する射程を持つものであった（Hall 1988）。１９８０年代以降に展開した新自由主義改革の影響が、政治経済の領域に留まらず、イギリスの人々の主体性やライフ・スタイルのあり方にまで目配りして論じることが求められる理由は、まさにここにある。自らを積極的に「イギリスの人々」の政党として提示し、有権者にアピールしていくことを通じて、サッチャー率いる保守党は「イギリスの人々」や「イギリス風の生活」という言葉の意味を再定義していき、この過程で、効率性や生産性、能力主義、労働倫理の高さ、社会秩序の尊重、家族規範の遵守、個人的な野心といった新自由主義および新保守主義的理念と深く関連する社会的価値が強調された（ibid.: 46–56）。こうした政治戦略の具体的な結果として、たとえば、住宅の所有者であることが「まっとうな」イギリス社会の構成員の証であるという認識が広く共有されるようになり、こうした風潮はサッチャー政権による公営住宅の払い下げ政策が多くのイギリスの人々によって歓迎され、支持されたことの基盤となった。

住宅の商品化は、しかしながら、１９９０年代以降、過熱の一途をたどり、特に外国資本を巻き込んでの投機目的の取引が拡大したことで、イギリス各地で住宅価格が急激に高騰する事態に発展していくことになる。本書でも、現在のイギリスにおけるホームレス問題の深刻さがしばしば言及されていたが、この問題が発生する根本的な要因は、公営住宅の数が限定的であることに加え、イギリスの庶民の多くが資本の不足から、住宅を取得するための市場のゲームにそもそも参加さえできないことにある。しばしば引用される『イヴニング・スタンダード』紙の２０１４年におこなわれた調査によると、外国人投資家がロンドンの高級住宅地にある優良物件を「資産として」保有していることから、32億ポンドに値する７４０の住宅が空き家状態になっていた。ジャーナリストのジェームス・ブラッドワースはこの事実を、２０１０年から２０１７年までの間に、ロンドンのホームレスが１３４％の割合で増加したことと対比している（Bloodworth 2018: 208/258）。なお、『イヴニング・スタンダード』紙の記事のなかでは、32億ポンドをもってすれば1万戸の手頃な価格の住宅を提供することができると説明されている。[*3] このように、新自由主義経済が深く浸透したロンドンは、住宅を購入するための市場での競争に参加できない、あるいは、民間セクターの家賃を払えない人々を顧みない《ケアしない》環境に変質してしまった。

新自由主義改革の進展は、したがって、イギリスの人々にとって、不動産の所有者となる経済的な「エンパワーメント」の機会を提供するなどの一定の開放的な側面をもっていたものの、そこでの開放性は多くの場合、グローバル資本が主導する厳しい競争が展開する経済システムのなかで自律した有能なアクターとして活動し、生き残っていくことを求めるものであった。こうした主体のあり方をイギリスの社会学者のニコラス・ローズは「企業家的主体」（enterprising subject）という言葉を使って論じている（Rose 1999）。「企業家的主体」は、自分の人生と生活を経済的および社会的に最適化するために常に全力を傾ける、新自由主義的な人間像を指している。言い換えれば、「企業家的主体」であるためには、他者との競争的な関係において優位な立場を勝ち取る必要があり、そのためにも自分自身の社会的・経済的資本を高めるために自己を道具化する努力に励むことが求められる。こうした主体のあり方には相互承認の契機が欠けており、他者どころか自己を「ケア」することへの志向性が入り込む余地を見出すことは難しい。

１９９７年総選挙で、18年に及んだ保守党政権から労働党へと政権交代がおこなわれたが、「ニュー・レイバー」と呼ばれた労働党政権は、先述のスチュアート・ホールやアンジェラ・マクロビーが指摘しているように（Hall 1998; McRobbie 2000）、競争が徹底された経済システムにおける個人的達成や、そのための自助努力と強い労働倫理の強調、私的セクターの公的セクターに対する優位性へのゆるぎのない信念など、保守党政権以来の政策路線を保持していた。こうした理由から、「ニュー・レイバー」が打ち出した「第3の道」の政治を新自由主義の「変種」とみなす議論は、現在に至るまで根強く存在している。そうした労働党政権は、結局、２００７〜08年に生じた世界金融危機を経て、２０１０年総選挙で下野することになり、以来、より直截に新自由主義の政治を標榜する保守党が基本的には政権運営にあたっている（２０１０年から２０１５年までは保守党と自由民主党の連立政権）。このように、イギリスの政治過程は、１９８０年代以来一貫して、新自由主義によって強く影響されてきたとみなすことができる。

他方で、２０１０年以降のイギリス政治が緊縮財政政策へと明確に舵を切り、したがって、新自由主義の理念に根差した政治は近年、資源の分配が切り詰められていくなかで展開してきたことを確認する必要はあるだろう。新自由主義的な傾向があったとはいえ、労働党政権はまがりなりにも教育や職業訓練を通じて、イギリス市民が自律的なアクターとして市場に参加するために必要な人的資本の育成を支援する努力をおこなっていた。最もよく知られた例は「シュア・スタート」(Sure Start)であろう。イギリスの子どもたちに、「可能なかぎり最良の人生のスタート」を提供することを目的として労働党政権下で導入されたこの政策プログラムは、貧困地域に焦点を当てて実施され、子どもの貧困の削減やシングル・マザーの就労状況の改善に一定の成果を挙げたと報告されている。けれども、保守党・自由民主党の連立政権が成立して以来、予算の削減から運営が大幅に縮小され、イギリス各地でシュア・スタートを実施するセンターが閉鎖されていった。2010年代にイギリスにおける子どもの貧困は実際、悪化の一途をたどり、2019年には国連の特別報告官が状況を「悲劇的」と形容したことにとどまらず、[*4]2020年にはユニセフが直接、介入する状況にまで至っている。[*5]

緊縮財政政策が展開する状況で新自由主義的政治が断行されたことから派生した問題は、子どもの貧困に限られない。なかでも、社会保障手当の受給者に課せられるアセスメントは、処罰的とさえいえるほど厳格化された。他方で、アセスメント業務自体は「ニュー・レイバー」時代から私的セクターに業務委託されているが、サーヴィスの質に関する問題の指摘は後を絶たない。行政監視機関からコストの面でかえって割高になっていると批判されただけではなく、資格を保持していない、あるいは十分なトレーニングを受けていない者が業務を担うことや、あまつさえ署名の偽造やデータの水増しといった不正行為が頻発している。こうした状況のなか、病気や障がいをもつ人々が何らかの就労が「可能」であると認定され、その後、亡くなるというケースが発生しており、ジャーナリストのオーウェン・ジョーンズは、2011年の最初の8カ月で、その数は1100人を数えたと報告している（Jones 2014: 182/228）。ケン・ローチが監督した映画『わたしは、ダニエル・ブレイク』（2016年）は、決して映画の世界の物語ではなく、緊縮財政政策下のイギリスにおいてケアを必要とする「弱者」であることは、生存の維持が脅かされる危険性を伴うことであった。

2015年9月、労働党の党首にジェレミー・コービンが選出されたのは、こうした緊縮財政政策に対して野党・労働党が明確な対決姿勢を示さなかったことに草の根党員たちが不満をもち、それがイギリス社会に広く門戸が開かれた党首選挙で大きなうねりをつくりだしたことを一つの要因としている。コービン率いた労働党は、実際、緊縮財政政策に取って代わる「多くの人々のための」（For the Many）政策ヴィジョンを構築する努力を続けた。その成果の一つであるのが、2017年総選挙惜敗《せきはい》後に、当時、影の財務相であったジョン・マクドネルによって編纂《へんさん》された『多くの人々のための経済学』である（McDonnel 2018）。イギリスの政治経済をより公正で民主的なものに転換するためのアイディアに満ちた当著書には、経済システムを「ケア」を主軸に再編することを目的として「ソーシャルインフラ」への投資を拡大するという提言も含まれており、したがって、本書の議論と共同戦線を張るものである。けれども、そうしたコービン労働党はブレグジット（イギリスのEU離脱）の混乱のなか、ポピュリスト政治が全面化した2019年12月の総選挙で保守党に大惨敗を喫《きっ》した。

皮肉なことに、新型コロナウイルスによって甚大な被害が生じたイギリスで、一時帰休補助金などの制度を積極的に活用して、緊縮財政政策からの大転換を実現したのは、投資銀行やヘッジ・ファンドでの勤務経験がある保守党の現財務相、リシ・スナクであった。とはいえ、現在の保守党は、たとえば2020年10月に、低所得世帯を対象とする学校給食の無料提供を学校が休みの期間にも拡大するという提案を当初、拒絶し、世論の激しい反発を受けて撤回したことに観察されるように、「ケアに満ちた」政党であるとは到底、みなすことはできない。本書による政治的な挑戦は、したがって、現在でも必要とされており、進行中である。

むすびにかえて——ケアを顧みない日本政治のなかで紡がれる、ケアする人々の連帯

さて、本書を読み終え、私たちが住む日本社会を、そして政治を直視すると、何が見えてくるだろうか。2020年2月の大型クルーズ船内での深刻な感染に始まる、これまでの政府のコロナ対策で明らかになったのは、本書が冒頭で指摘するように、「すでに豊かな人たちにお金を流し込み」、本当に必要な人にどうしたら資源を届けられるのかという「最善の方法について、共有されてしかるべき多くの教訓は、ほとんど無視されてきた」ことだ。

この間、経済再生担当大臣がコロナ対策を指揮しつづけ、たとえば、一時給付金の原則世帯主への支給など、以前より問題が指摘され教訓を学んでいたはずのことすら、くりかえされたのだった。今、

解説を書いている間もなお、医療従事者、介護・介助・保育に携わる人たちの疲弊をよそに、そして世論の強い反対にもかかわらず、2020東京オリンピックは開催されようとしている。

ここでは、「アベノマスク」や「お肉券」といったブラックジョークのような――とはいえ、一部の人に「お金を流し込んだ」不正の極みでもある――対策や、火事場泥棒とさえ揶揄《やゆ》される問題含みの立法の数々など、これ以上触れることはしない。ただ、まさに本書が各章で触れるような、人々のケア実践は、日本各地で今もなお多くの人の手によって担われつづけており（雨宮 2021、稲葉・小林・和田編 2020）、大手のメディアがオリンピック開催のために報道自粛をしているのではないかと思われる一方で、支援をいかに、本当に必要な人に届けるのか、ネットワークづくりと情報発信も含め、まさに直接手をかけるケアから、地方自治体との交渉まで、多くの人がケアに満ちた共同体を築きつつあるのも確かである。私たちは、こうしたケア実践のなかで手にした教訓を忘れてはならないし、これからも公にされるであろう記録に注意を払い、ケアを様々な組織の中心原理とするような社会を構想していかなければならない。

先述したように、イギリスの労働党はオルタナティヴな政策ヴィジョンの構築にすでに着手している。ここ日本でも、一部の人たちのための政治を終わらせ、多くの人たちのための政治、すなわち、ケアを社会基盤と捉え、公的なケアを政治の重要課題の一つと考える人々が中心となる政治を、これまでの教訓と歴史を学びながら、みなで構築・構想していく時が来ている。政府から求められて、私たち自身の行動を変容させるのではない。私たちが政治の変革を求め、引き起こす時なのだ。

註

＊１　『もうひとつの声』が日本で紹介される場合、主に、先述したジェイクとエイミーの回答の違いに着目されることが多いが、実際にギリガンが『もうひとつの声』を書くためになした調査研究は、中絶研究が中心となっていることは強調されてよい。

＊２　ただし、これはフランス語「感受性の民主主義（démocratie sensible）」の英訳であることを注記しておく。

＊３　https://www.standard.co.uk/news/london/london-s-ps3bn-ghost-mansions-foreign-investors-are-using-capital-s-finest-homes-as-reallife-monopoly-pieces-9128782.html（最終アクセス２０２１年４月30日）

＊４　https://www.bbc.com/news/uk-48354692（最終アクセス２０２１年４月30日）

＊５　https://www.theguardian.com/society/2020/dec/16/unicef-feed-hungry-children-uk-first-time-history（最終アクセス２０２１年４月30日）

参考文献

雨宮処凛（２０２１）『コロナ禍、貧困の記録――２０２０年、この国の底が抜けた』かもがわ出版。

Baier, Annette（1993）（＝1985）'What Do Women Want in a Moral Theory,' in ed. by Mary J. Larrabee. *An Ethic of Care: Feminist and Interdisciplinary Perspective*, NY, London: Routledge.

――（1995）（＝1987）'The Need for More than Justice,' in ed. by Virginia Held, *Justice and Care: Essential Readings in Feminist Ethics*, Boulder: Westview Press.

Bloodworth, James（2018）*Hired: Six Months Undercover in Low-Wage Britain*, London: Atlantic Books. 濱野大道訳『アマゾンの倉庫で絶望し、ウーバーの車で発狂した――潜入・最低賃金労働の現場』光文社、２０１９年。

Brugère, Fabienne（2014）*L'Éthique du《Care》*, Paris: Presses Universitaires de France. 原山哲、山下りえ子訳『ケア

の倫理——ネオリベラリズムへの反論』白水社、２０１４年。
Bubeck, Diemut（1995）*Care, Gender, and Justice*, Oxford: Clarendon Press.
Cornell, Drucilla（1995）*Imaginary Domain: Abortion, Pornography and Sexual Harassment*, NY: Routledge. 仲正昌樹訳『イマジナリーな領域——中絶、ポルノグラフィ、セクシュアル・ハラスメント』御茶の水書房、２００６年。
江原由美子（１９９３）「自己定義権と自己決定権——脱植民地化としてのフェミニズム」『システムと生活世界』所収、岩波書店。
Farrall, Stephen and Hay, Colin eds.（2014）*The Legacy of Thatcherism: Assessing and Exploring Thatcherite Social and Economic Policies*, London: British Academy.
Finman, Martha, A.（1995）*The Neutered Mother, the Sexual Family and Other Twentieth Century Tragedies*, NY: Routledge. 上野千鶴子監訳『家族、積みすぎた方舟——ポスト平等主義のフェミニズム法理論』学陽書房、２００３年。
Gilligan, Carol（1993a）（＝1982）*In a Different Voice: Psychological Theory and Women's Development*, Cambridge: Harvard University Press. 岩男寿美子監訳『もうひとつの声——男女の道徳観のちがいと女性のアイデンティティ』川島書店、１９８６年。
——（1993b）（＝1986）'Reply to Critics,' in *An Ethic of Care*.
Hall, Stuart（1988）*The Hard Road to Renewal*, London: Verso.
——（1998）'The Great Moving Nowhere Show,' *Marxism Today*, November/December 1998, http://banmarchive.org.uk/collections/mt/pdf/98_11_09.pdf（最終アクセス２０２１年4月30日。）
稲葉剛、小林美穂子、和田靜香編（２０２０）『コロナ禍の東京を駆ける——緊急事態宣言下の困窮者支援日記』岩波書店。

Jones, Owen（2014）*The Establishment: and How They Get Away with It*, London: Allen Lane. 依田卓巳訳『エスタブリッシュメント――彼らはこうして富と権力を独占する』海と月社、２０１８年。

Kittay, Eva（1999）*Love's Labor: Essays on Women, Equality, and Dependency*, NY: Routledge. 牟田和恵・岡野八代監訳『愛の労働あるいは依存とケアの正義論』白澤社、２０１０年。

McDonnell, John（2018）*Economics for the Many*, London: Verso. 朴勝俊ほか訳『99％のための経済学――コービンが率いた英国労働党の戦略』堀之内出版、２０２１年。

McRobbie, Angela（2000）'Gender and the Third Way', *Feminist Review*, 64: 97–112.

Nedelsky, Jennifer（2012）*Law's Relations: A Relational Theory of Self, Autonomy, and Law*, Oxford: Oxford University Press.

岡野八代（２０１２）『フェミニズムの政治学――ケアの倫理をグローバル社会へ』みすず書房。

Rose, Nikolas（1999）*Powers of Freedom: Reframing Political Thought*, Cambridge: Cambridge University Press.

Ruddick, Sara（1980）'Maternal Thinking,' *Feminist Studies*, vol. 6, no. 2（Summer）.

――（1989）*Maternal Thinking: Toward a Politics of Peace*, Boston: Beacon Press.

Tronto, Joan（1999）'Age-Segregated Housing As a Moral Problem: An Exercise in Rethinking Ethics' in ed. by M. U. Walker, *Mother Time: Women, Aging, and Ethics*, Lanham, New York: Rowman & Littlefield Publishers.

――（2013）*Caring Democracy: Markets, Equality and Justice*, NY: NYU Press.

――（2020）'Caring Democracy: How Should Concepts Travel?' in eds. by Petr Urban and Lizzie Ward, *Care Ethics, Democratic Citizenship and the State*, Cham: Palgrave Macmillan.

ジョアン・トロント、岡野八代（２０２０）『ケアするのは誰か？――新しい民主主義のかたちへ』白澤社。

Urban, Petr and Ward, Lizzie (2020) 'Introducing the Contexts of a Moral and Political Theory of Care,' in *Care Ethics, Democratic Citizenship and the State*.

訳者
岡野八代（おかの・やよ）
1967年生まれ。同志社大学グローバル・スタディーズ研究科教授。専攻は西洋政治思想史、現代政治理論。著書に『フェミニズムの政治学――ケアの倫理をグローバル社会へ』（みすず書房、2012年）、『ケアするのは誰か？――新しい民主主義のかたちへ』（訳・著、白澤社、2020年）ほか。

冨岡 薫（とみおか・かおる）
1993年生まれ。慶應義塾大学大学院文学研究科哲学・倫理学専攻後期博士課程。国立研究開発法人国立がん研究センター社会と健康研究センター生命倫理・医事法研究部特任研究員。専攻はケアの倫理と生命倫理・研究倫理。論文に「ケアの倫理における「依存」概念の射程――「自立」との対立を超えて」（『エティカ』第13号、2020年）。

武田宏子（たけだ・ひろこ）
1968年生まれ。名古屋大学大学院法学研究科教授。専攻は政治社会学。著書に *The Political Economy of Reproduction in Japan: Between Nation-State and Everyday Life*（Routledge、2005年）、*The Routledge Handbook of Contemporary Japan*（共編著、Routledge、2021年）ほか。

著者
ケア・コレクティヴ（The Care Collective）
ケアをめぐる世界的な危機に取り組むことを目的に、2017年にロンドンで活動を開始した研究者・活動家グループ。本書の著者は、アンドレアス・ハジダキス（消費研究者）、ジェイミー・ハキーム（メディア研究者）、ジョー・リトラー（社会学者）、キャサリン・ロッテンバーグ（北米研究者）、リン・シーガル（心理学者）の５人。

装丁　宮川和夫事務所

ケア宣言《せんげん》　相互依存《そうごいぞん》の政治《せいじ》へ

2021年７月15日　第１刷発行
2024年５月10日　第５刷発行

定価はカバーに
表示してあります

著　者　ケア・コレクティヴ
訳　者　岡野八代
　　　　冨岡薫
　　　　武田宏子
発行者　中川進

〒113-0033　東京都文京区本郷 2-27-16

発行所　株式会社　大月書店

印刷　太平印刷社
製本　ブロケード

電話（代表）03-3813-4651　FAX 03-3813-4656　振替00130-7-16387
http://www.otsukishoten.co.jp/

ISBN978-4-272-35048-3　C0036　Printed in Japan